JPC

写作篇

DP

Chinese B Assessment Guide (I)
中文B考试指导（上册）

吴星华 编著

简体版

视觉形象设计　靳刘高创意策略
责任编辑　尚小萌
书籍设计　吴冠曼

书　　名　**DP 中文 B 考试指导**（上册）（写作篇）（简体版）
DP Chinese B Assessment Guide (I) (Writing) (Simplified Character Version)
编　　著　吴星华
出　　版　三联书店（香港）有限公司
香港北角英皇道 499 号北角工业大厦 20 楼
Joint Publishing (H.K.) Co., Ltd.
20/F., North Point Industrial Building,
499 King's Road, North Point, Hong Kong
香港发行　香港联合书刊物流有限公司
香港新界大埔汀丽路 36 号 3 字楼
印　　刷　美雅印刷制本有限公司
香港九龙观塘荣业街 6 号 4 楼 A 室
版　　次　2020 年 3 月香港第一版第一次印刷
规　　格　16 开（170 × 240 mm）256 面
国际书号　ISBN 978-962-04-4551-4

Published & Printed in Hong Kong

前言

写作一直是 IBDP 中文 B 学习的重点，也是备战 IBDP 中文 B 考试的难点。但是，很多时候，老师教得不亦乐乎，学生却写得力不从心，老师不厌其烦地教，学生却倍感厌烦地写。大量的时间花了下去，写作的提高却收效甚微。应该如何提高写作能力，准备试卷一的写作考试呢？

为了帮助 IBDP 中文 B 普通课程和高级课程的学生顺利准备考试、在有限的时间内提高写作能力，编者根据 2020 年首次考试的新大纲的要求编写了这本《DP 中文 B 考试指导（上册）》。本书主要包含考试概述、精讲精练、模拟试题、附录四部分的内容。

一、考试概述

本书从考试要求、评分标准角度对试卷一进行全面介绍。新大纲中增加的"概念性理解"对很多师生来说都是难点。书中将不同的概念结合不同的范文，提供了全面、具体的讲解。

结合考试时的具体情境、具体问题，本书从写作的步骤安排、时间建议、方法技巧角度，为学生提供了具体的备考建议、考试指导。

、精讲精练

本书全面覆盖大纲中规定的文本类型，以文本类型为线索，帮助学生学习不同文本类型的写作方法，带领学生集中训练、逐个突破、全面掌握。本书涵盖十七种文本类型：

日记	新闻报道
博客	文章（报纸、杂志）
信	论文
公函	评论
电子邮件	个人陈述
演讲稿	说明书 / 指南
辩论稿	小册子 / 传单 / 宣传册
访谈（对话性采访稿）	口头报告
访谈（总结性采访稿）	

本书以通俗易懂的方法提供写作指导，在每个文本类型的讲练中均包含"格式模板""写作指导""范文参考""常用表达""作文练习"五个部分：

格式模板 **写作指导**	从形式要求和内容安排角度给学生具体的写作方法指导、高频错误提示。 重点解决学生不知道该写什么内容、该写成什么样子的问题。
范文参考	围绕写作例题展开，一步一步指导学生写作。 首先对题目进行分析，指导学生如何抓住题目重点，进行审题。 之后提供符合学生汉语水平的优秀例文，方便学生模仿。 最后展示了学生常出现的错误，提醒学生注意。
常用表达	提供不同文本类型开头、正文、结尾部分常用的词语、句子。 帮学生夯实语言基础，使语言恰当、多样，沟通准确、有效，且适合文本类型要求。
作文练习	紧扣 IBDP 新大纲规定的五大主题，为每个文本类型提供五道写作练习。 让学生在作文实践中掌握写作方法，在大量练习中提高写作水平。

三、模拟试题

编者分析了历年的写作考题，结合过往考试和大纲要求，为普通课程和高级课程的学生各准备了一套模拟测试题。模拟试题既适合在使用本书备考之前进行测试，也适合在全球统考前模拟演练。

四、附录

附录部分提供了针对模拟试题的学生的作文示例以及考官的打分点评，可以帮助考生熟悉评分标准，知道怎样可以得分、哪里会扣分，有针对性地写作。

附录中还提供了主题好句精选、常用关联词语、常用成语俗语、常用近义词和易错形近字，旨在带领学生练好基本功。这些写作素材的点滴积累也有利于学生在考试中灵活转化。

在电子资源方面，本书提供易错形近字的电子档，方便学生做组词、抄写练习。除此之外，便携手册《DP 中文 B 写作文体手册》也适合与本书配套使用，方便学生随时查阅、记忆。

下载电子资源、查看便携手册样章，可登录网站 chinesemadeeasy.com/assessment，或扫描二维码 。

目录

第一部分 考试概述

1.1 考试简介

课程	时间	题数	分数	比重	字数
SL	1 小时 15 分钟	3 选 1	30 分	25%	300–480 字
HL	1 小时 30 分钟				540–720 字

IBDP 中文 B 课程的试卷一主要考查考生的表达技能。试卷一基于五大主题（身份认同、体验、人类发明创造、社会组织、共享地球），提供三个不同的题目。考生从三个题目中选择一题，并从“考试指南”列出的文本类型中选择一种。

试卷一评估学生出于不同目的进行书面交流的能力。考生要通过对文本类型、文体和语体的应用，展示出自己对受众、情境、目的、意义、变异的概念性理解，并应用于自己的书面表达中。

1.2 评分标准

试卷一的总分 30 分，评分时主要集中在语言、讯息、概念性理解三个方面。

语言（12 分）	词汇的恰当、多样性 语法结构的多样性 语言的准确性，沟通交流的有效性
讯息（12 分）	思想观点与任务的相关性 思想观点的充分展开 思想观点的清晰展示、组织安排，信息的成功传递
概念性理解（6 分）	所选的文本类型对任务的适合程度 语体、语气对任务的情境、目的和受众的适合程度 应答包含所选文本类型的惯用手法

其中，概念性理解是新的考查标准，主要集中在对文本类型、语体、语气以及所选文本类型惯用手法的考查上。请注意：

❶ 概念性理解包括文体格式所需要的目的、受众等。原来在“文本格式”中可能扣的分数，现在在“概念性理解”中扣。

❷ 如果忽视了语境、目的和对受众的应答，即使考生可能在“语言”的评估中得高分，在“概念性理解”和“讯息”的评估中可能得零分。

❸ 如果字数不够，虽然在“概念性理解”中不扣分，但会影响信息的表达，因而会在“语言”和“讯息”中扣分。

❹ 注意概念性理解，要注意审题，根据题目要求，做出相应的回答，谨防死背作文。

1.3 概念性理解

1.3.1 受众

受众，主要指的是文本的对象。对于同样的信息，作者要根据不同的受众改变文本材料中所使用的语言。

思考与讨论

阅读下面的作文，从概念性理解的角度进行分析。

亲爱的安安，

你好！环境保护是指个人或政府保护自然环境的行为。工业发展导致了严重的环境污染问题，破坏了生态环境，这些问题引起人们对环境保护的重视。自上世纪60年代开始，各地的环保运动渐渐令人们更加重视身边的环境问题。……

提示

私人信件是因为个人原因给亲友、师长写的信件。这篇作文的对象是安安，是朋友。朋友之间写的私人信件应该是非正式的。作文中的语气太正式了，像新闻报道，而且没有和写信的对象（安安）进行沟通。作者对“受众”这个概念的理解不到位。

1.3.2 情境

情境，是指场合，例如正式采访和私下讨论。受众相同，但是情境不同，应该使用不同的语言。

思考与讨论

阅读下面的作文，从概念性理解的角度进行分析。

> 各位来宾、各位朋友：
>
> 早安！感谢大家来听我的演讲。我演讲的题目是“年轻人要重视庆祝传统节日”。
>
> 今天一大早，奶奶就叫我起来打扫房间，说是春节要到了。我非常不高兴。IB 考试快到了，我每天学习的时间都不够，哪有时间打扫房间呢？我气得和奶奶大吵一架。奶奶说我不重视庆祝传统节日。爸爸妈妈也来帮奶奶教训我。……

提示

演讲稿是为了达到某种目的，在公开场合发表自己的意见，有呼吁或号召作用的一种文体。演讲稿中的语气应该是严肃、庄重的，和平时聊天儿的语气不同。情境对文本材料的创作和接受有重大的影响，文本材料的作者和接受者之间的关系影响到语言的选择和使用。

1.3.3 目的

目的，是指用什么方法达到写作的意图。当作者为了一个特定的原因进行交流时，需要计划信息、安排语言，才能达到写作目的。

思考与讨论

阅读下面的作文，从概念性理解的角度进行分析。

阿里山露营

为了让同学们多了解对方、认识大自然。学生会将举办去阿里山露营的活动。

阿里山非常美，适合大家去郊游、露营。大家也可以借这个机会了解阿里山的自然环境、认识当地的人。

学生会是一个由学生们自己组织的社团。学生会帮助同学们解决日常学习、生活中遇到的困难，希望大家积极报名学生会举办的各项活动。阿里山露营活动之后，学生会还将举办庆祝中秋节的活动。……

提示

小册子是组织者为了吸引人们参加活动而写的一种宣传材料，目的是鼓励人们参加活动。这个小册子中只是简单介绍了阿里山，没有注明活动的时间，也没有介绍阿里山好玩儿的地方，却花了很多笔墨谈学生会，不能达到鼓励大家参加露营的目的。作者用小册子和读者进行交流时所使用的语言没有达到预期的目的。进行交流时，使用的语言要和预期的目的相一致。

1.3.4 意义

意义，指语言的运用，作者使用什么样的语言、文体、表达方式、写作手法进行表达。

思考与讨论

阅读下面的作文，从概念性理解的角度进行分析。

2019 年 10 月 19 日　　　　　　　　星期六　　　　　　　　阴

我生病了，我真的生病了。这回我真的生病了。

因为我被蚊子咬了，全身通红，一点一点到处都是，就像满是星星的天空。而且，我竟然还发烧了，42 度。要是一颗鸡蛋放在我手里，应该一会儿就可以吃了。……

提示

作者的意图是通过比喻句来说明自己全身都被蚊子咬了。可是，“满是星星的天空”主要是用来表示美好、浪漫的氛围。作者使用这个比喻句不能达到预期的效果，反而让读者不知道作者想要表达什么。要使用正确的语言才能使文本材料的信息清楚明白，如果使用错误的方式将会令人难以理解。

1.3.5 变异

变异，是指语言的发展和变化。变异承认语言原本的意义，同时也关注由于地域、时代的不同，语言发生了哪些变化。例如：

原因	变化
地域不同	出租车、德士、计程车、的士
时代语境	同志、小姐

此外，变异还包括街头语言是如何衍变的，语言中的俚语在多大程度上被大众接受等问题。

1.4 时间安排

步骤	时间安排
第一步：审题 + 选题	2–5 分钟
第二步：构思作文	5–10 分钟
第三步：书写作文	55–70 分钟
第四步：检查作文	5 分钟

❶ 审题 + 选题（2–5 分钟）

考生需要在 1 小时 15 分钟（SL）/1 小时 30 分钟（HL）内写一篇 300–480 字（SL）/540–720 字（HL）的作文。时间虽然有限，还是要建议花一些时间在题目的选择上。尽量在 2–5 分钟内确定写作题目。

注意

仔细阅读每个题目的要求、重点和范围。不明白的题目，不要选。尽量选熟悉的主题和文本来写作。一旦决定写哪一题后，就不要三心二意，换来换去。

❷ 构思作文（5–10 分钟）

确定题目、文章中心后，回忆相关的材料，选择最有新意的内容。拟提纲，确定文章每一段的主要内容。

注意

万不可没想清楚就写作，造成文章逻辑结构不清，导致一直修改，欲速则不达。也不可花太多时间在写提纲上，造成无法按时完成写作。

❸ 书写作文（55–70 分钟）

根据提纲，明确中心，分清主次，确定详写、略写。关注词汇、语法结构、关联词的使用和多样性，把文章有逻辑地组织起来。

❹ 检查作文（5 分钟）

检查错别字、标点符号、关联词的使用。检查句子意思的表达是否清楚。

注意

不会写的字千万不要用英文、拼音或错别字代替，虽然不扣分，但会影响信息的传达，影响整篇作文的分数。

1.5 写作建议

写作文最怕的就是离题，如果离题了，即使文章写得再好，也不能拿到理想的分数，因此审题时要格外用心。

1.5.1 文本格式

试卷一要求考生能从列出的文本类型中选择一种来进行表达，因此考生需要熟悉并记住考试指南中各种文本的写作格式，并辨别之间的相同点和不同点。

要选出合适的文体，就要求考生要了解不同文体的写作对象、语气和表达效果。考生在选择文本类型时需注意：抓住写作对象，才可以选出最适合的文本类型。

文体	读者	语气	表达效果
日记	自己	非正式	以私密的方式表达不愿意向别人诉说的心情、感受及看法。
博客	网友	非正式	以千千万万的网友为对象，及时有力地宣传、讨论大众关心的话题。
信	亲友 / 师长	半正式、非正式	更容易地与较亲近的人交流思想、表情达意。
公函	机构 / 组织	正式	清楚地向有关机构、负责人表达意见并寻求解决办法。

文体	读者	语气	表达效果
电子邮件	亲友 / 师长	半正式、非正式	及时有效地把信息传递给相关人员，以便交流。
演讲稿	大众	正式	在公开场合吸引广泛的听众，进行强有力的宣传。
辩论稿	对方辩友	正式、半正式	清楚有力地表达不同的观点，从正反两个方面把问题说得更清楚。
访谈（对话性采访稿）	采访对象	正式、半正式	与采访对象面对面，更深入地讨论相关话题。
访谈（总结性采访稿）	读者	正式、半正式	简要总结采访内容或表达受访者的观点、感受。
新闻报道	读者	正式	对新近发生的事件进行及时、真实、客观地报道。
文章（报纸、杂志）	读者	正式、半正式	针对某个事件在报纸、杂志上发表议论性或介绍性的看法。
论文	读者	正式	针对某个事件发表议论性的看法。
评论	读者	正式、半正式	针对事物进行主观或客观的阐述并表达自己的想法。
个人陈述	机构 / 组织	正式	让对方了解自己、相信自己并录用自己。
说明书 / 指南	大众	正式、半正式	对某事、某物进行详细描述，方便人们认识、了解。
小册子 / 传单 / 宣传册	大众	正式、半正式	及时广泛地为公众提供信息，达到宣传的作用。
口头报告	机构 / 组织	正式	以口头陈述的形式汇报调查结果、结论及建议。

思考与讨论

阅读下面的题目，选择适合的文本格式。

1

你的学校在中国新年这天，举办了关于中国传统文化的展览。你从这次展览中学到了很多中国的风俗与传统。请从下列的文本类型中选择一个，向你的朋友介绍这次展览，并鼓励他 / 她也去参加类似的活动。

博客	评论	电子邮件

提示

抓住写作对象是“你的朋友”，就可以得出最合适的文本类型是电子邮件。博客的对象是网友。评论的对象则是广大读者。

2

现在的学生学习压力大，为了取得好成绩，大家都很认真地读书，却忽略了饮食、运动和睡眠的重要性。请从下列的文本类型中选择一个，在学校的“健康生活日”向全校师生介绍健康的重要性。

博客	演讲稿	新闻报道

提示

抓住写作对象是“全校师生”，就可以得出最适合的文本类型是演讲稿。博客的对象是网友。新闻报道的对象则是广大读者。

3

为了拉近同学之间的距离，促进同学之间的交流，你决定在即将到来的学校假期组织一次户外活动。请从下列的文本类型中选择一个，和同学们分享你的活动计划，号召大家来参加你组织的户外活动。

口头报告	评论	宣传册

提示

抓住写作对象是“同学们”，内容是“分享活动计划并号召大家参加”，最适合的文本类型是宣传册。口头报告的对象是机构、组织。评论的对象则是读者。

4

近年来，许多人将生活照上载到社交网站，除了与朋友分享，也是记录生活中发生的大小事。请从下列的文本类型中选择一个，在学校的刊物上谈谈你的看法。

博客	文章	电子邮件

提示

抓住写作对象是“学校刊物的读者”，内容是“谈谈你的看法”，最适合的文本类型是文章。博客的对象是网友。电子邮件的对象则是亲友、师长。

1.5.2 写作范围

每个作文题目，对作文的选材总有一定的限制。一些作文题目要根据写作对象、时间、地点来确定文章的内容范围。如日记要用第一人称“我”。再如是对发生过的事情的看法，还是写将来的打算、计划。

思考与讨论

阅读下面的题目，确定写作范围。

近年来，农历新年不只是中国人的新年，更成为世界关注的节日。世界各地的人都会参与中国农历新年的庆祝活动。请从下列的文本类型中选择一个，和广大网民谈谈你对这种现象的看法。

信	宣传册	博客

提示

确定文章的人称，要用第一人称“我”。确定文章的地点，为“世界各地”。确定文章的话题，是“中国农历新年”，注意不是“元旦”。

1.5.3 写作重点

审题时要善于抓住题目或要求中的重点词语进行分析，从而确定写作重点。

思考与讨论

阅读下面的题目，确定写作重点。

移动互联网时代，各种手机应用程序造就了很多低头族，不仅对视力影响很大，而且会损害身体健康。不过也有一些管理健康的手机应用程序，帮助人们记录身体健康状况。请从下列的文本类型中选择一个，来介绍一种手机应用程序，并说说它怎么使你生活得更健康。

信	指南	日记

提示

题目的重点在最后一句“来介绍一种手机应用程序，并说说它怎么使你生活得更健康”。找出关键词“介绍”“应用程序”“健康”。这三个关键词不但能确定文本类型是“指南”，也说明了写作重点是“如何更健康”。

1.5.4 中心思想

在确定题目的文本格式、写作范围、写作重点后，要确定文章的中心思想，也就是文章要突出表达且紧紧围绕的中心。确定中心思想很重要。考生千万不要还没确定中心思想就动笔写，写不下去了再想新的材料。

确定中心思想的方法是要先看题目中有无中心。如果有，作文就围绕题目规定的中心写。如果没有，就要自己确定中心。这个中心应该是健康、有意义的中心，而且应该明确、集中。一篇作文不能没有中心，也不能有太多中心。由于考试时间有限，建议考生在写作中只表达一两个中心思想即可。

思考与讨论

阅读下面的题目，确定中心思想。

1

最近你的朋友因为学习压力大，睡眠出现严重问题，饭也吃不下，影响了身体健康。你想建议你的朋友去看中医治疗。请从下列的文本类型中选择一个，来告诉他 / 她你对中医的看法，并告诉他 / 她应该如何改善睡眠和食欲。

信	博客	宣传册

提示

这题的关键词是“改善”，“改善”说明了你对中医的看法只能是好的，如果你不认可中医，就没办法说明如何“改善”，所以作文的中心是“应该如何改善”。

2

最近，朋友圈流行“晒步数”，有人为了完成目标晚上常出去暴走，有人干脆把计步器绑在电风扇上作弊，更有把计步器绑在狗腿上计算步数的笑料。请从下列的文本类型中选择一个，来和网友说说你对这种现象的看法。

日记	博客	宣传册

提示

这题没有直接点出中心，只要考生说说“对这种现象的看法”，因此需要自己确定中心。浏览五大主题，可以锁定身份认同下的健康主题。有些考生选择“科技进步对人类生活的影响”，说明没有理解“笑料”是不好的词。

1.5.5 材料选择

确定写作的中心后，就开始回忆学过、经历过的相关材料。由于材料很多，如何选择最合适的材料将是写作的关键。

材料选择步骤：

❶ 回忆哪些材料可以写。

❷ 选出所有正面、有意义、有新意的材料。

❸ 把所有材料进行比较：哪些对表达中心有利？哪些印象最深、最具体？哪些能用语言表达清楚？

1.5.6 文章提纲

选好材料后，要围绕中心有条理地安排材料，决定每一段写什么、哪些详写、哪些略写。由于考试时间有限，所以列的提纲不用太详细，只需要写出基本的框架就可以。只要根据提纲写作，写出的文章就会条理分明。

1.6 备考贴士

不论考生最后选择哪种文本类型，写好作文的基本功是相同的，也就是要具有选词、造句、连句、组段的能力。这些能力要靠平时的点滴积累。很多考生知道文本的格式框架，但内容却很贫乏，原因就在于词汇量缺乏，写不出内容丰富的好文章。

考生还应该注重考官在改考卷时的感受。如何给考官留下好的印象？除了字写得工整外，文章的开头和结尾非常重要，因为那是给考官的第一印象和最后印象。不同的文本类型有不同的开头和结尾方式，考生需要留意。我们将在下一部分“精讲精练”中逐一介绍。

注意

① 平时加强抓主题词的能力，有助于审题。

② 一定要熟悉评分标准，知道怎样会扣分，才能有目标地练习写作。

③ 平时练习写作时要以自己身边发生的、熟悉的事情为写作材料。

④ 背一些不同话题的范文，在考试中灵活转变。

第二部分 精讲精练

2.1 日记

日记真实记录发生在自己身边的事情和生活见闻。日记的类型有记事、议论或抒情。记事是记录当天学习、生活中发生的事情。议论是对生活中某一事件、情况或现象谈自己的看法。抒情是抒发自己对某人或某事的感悟。

2.1.1 格式模板

X年X月X日　　　　星期X　　　　晴／阴／雨

□□开头：“我”的心情

□□正文：事情的经过

□□结尾：“我”的感受和体会

注意

① 首行写年、月、日、星期及天气情况。

② 日期要按照中文的顺序"X 年 X 月 X 日"，与英文的顺序不同。

③ 正文每段空两格。

2.1.2 写作指导

❶ 不要用"亲爱的日记"开始。

❷ 用第一人称"我"。

❸ 尽量只记一件事，围绕一个中心写。

❹ 可以采用 5 个 W 、1 个 H 的形式来记叙，但不需要每个方面都写，要选择一两个重点，根据题目要求详细描述。

Who（对象）	关于谁?
What（事件）	发生了什么事?
When（时间）	什么时候发生的?
Where（地点）	在哪里发生的?
Why（原因）	为什么发生?
How（怎样）	怎么发生的? 包括具体细节及"我"的感想。

❺ 注重"我"的所见、所闻、所感，写作方式可以随心所欲。

❻ 最后要有一个总结。

❼ 语气是非正式的，要随和、亲切。

2.1.3 范文参考

越来越多的年轻人喜欢上网购物，你也不例外。请从下列的文本类型中选择一个，来说说你的网络购物体验，并谈谈你对互联网改变生活方式的看法。

信	日记	传单

分析

① 找出关键词：在题目的最后一句，找出判断文本类型的关键词你的“体验”和“看法”。

② 选出文本类型：信的对象是亲友、师长，而题目没有明确说明。传单的对象是大众，不利于表达自己的看法和感受。日记的对象是自己，符合关键词你的“体验”和“看法”的要求。

③ 确定写作范围：确定文章的人称，日记要用第一人称“我”。确定写作的重点，为“网络购物体验”与“对互联网改变生活方式的看法”。确定文章的时间，写下对发生过的事情的看法。

思考与练习

想一想，你会怎么写这篇作文？写下你的作文提纲。

范文点评

2020 年 4 月 1 日　　　　　星期三　　　　　阴

今天是阳光灿烂的日子，就像我的心情一样。上个星期我在网上买了很多漂亮的连衣裙，今天送到了。这是我第一次在网上购物。打开包装的瞬间，我真的很激动。衣服的尺寸很合身，颜色也很好看。这次网络购物体验给了我很大的惊喜，互联网的方便和快速真令我感触良多。

> 用天气、心情开头。

> 直接进入主题，说明自己网络购物的体验、对网络购物的看法。

因为学习任务繁重，没有时间出去逛街，我就想尝试一下网络购物。没想到这一试，就让我喜欢上了网络购物。货到付款一键搞定，不但节省了时间，还可以货比三家。不出门，也可以逛遍全世界。网店的客服也不像商店的服务员一直在你旁边做介绍，他们只是耐心地回答问题、"无声"地给你建议。这让我觉得很舒服，没有购物的压力。我也喜欢语音服务，既可以买到喜欢的东西，又可以锻炼我的中文口语，一举两得。真是不一般的购物体验！

> 精彩的内容离不开有趣的叙述，一个简单的例子可以让日记显得生动活泼。

> 最后回到主题，点明第二段的主要内容和题目的中心："体验"。

通过这次全新的网络购物体验，我深深地感受到互联网正在各个方面悄悄地改变着人们的生活方式，例如网络购物、手机支付、出行乘车、聊天儿交友等。互联网不但给人们的生活带来方便，也拉近了人与人之间的距离。但是，我认为互联网有利也有弊。互联网改变了人们沟通和交

> 总结第二段的主要内容，又承接第三段，起过渡作用，还回应了题目的第二个要求。

> 话锋一转，进入自己对互联网带来的问题的看法。

流的习惯，使人们面对面的沟通变少了。手机支付和网络购物虽然方便，但也给了骗子很多机会。网络交友的问题就更多了。我认为作为年轻人，要学会辨别网络信息的真假，这样才能真正让你的生活因为互联网而变得更美好。

这次的网络购物真让我大开眼界，令我难忘！它不仅给我带来不同的购物体验，也让我思考互联网对人们生活方式的影响。作为年轻人，我们要勇于接受新的事物、学习新的知识，也要注意互联网给我们带来的问题。

总结自己的感受，回应开头，前后照应。

案例分析

1

2020 年 4 月 1 日　　星期三　　阴

最近这几天，我经常看到卡拉不是在玩手机就是在上网。我很为她担心，听说因为上网购物花了很多钱。可是她还是一直在买衣服、买包包等。我很想找她谈谈上网购物的不好。……

点评

日记的写作对象是“我”，题目也是要求写“我”的购物体验和看法，不是别人。文中第一段就写“卡拉”的购物体验是错的，在概念性理解和审题上直接丢分。

2

2020 年 4 月 1 日	星期三	阴

周期六就是妈妈的生日，我准备买一份礼物给她，可是我学习任务太重，没有时间出去逛街。于是，我准备试试看网络购物。可是，我从来没在网上买过东西不知道如何使用，只好找我的朋友爱丽来帮我。

爱丽很耐心的跟我讲解如何上网。……

点评

题目是要求写“你的网络购物体验”，说明事情是发生过的，而不是正在发生、还未发生的。

3

2020 年 4 月 1 日	星期三	阴

随着科技的发展，大家不仅在工作和学习上依赖互联网，甚至连网络购物也逐渐成为人们的新选择。根据调查，有 80% 的年轻人喜欢上网购物，而另外 20% 的年轻人不太相信网络购物，主要原因是因为……

点评

日记是写自己心理活动的，有时也像出气筒一样，是倾诉自己心事的对象。它注重“我”的感受，语气应该是随和、亲切的。这篇文章的语气太正式，好像在写正式的文章，不适合日记的语气。文章将在概念性理解上丢分。

4

亲爱的日记：

你好，又到了我写日记的时间了。今天是 2020 年 4 月 1 号。天空万里无云。

昨晚我又做了一个好梦，梦见我到了中国的淘宝，买了很多漂亮的衣服和裙子。我还到了淘宝的总部杭州去玩了一天，那里的西湖真是风景如画，一片片的荷花池，开在湖面上，微风一吹，像破浪一样起伏。……

点评

首先，文章把日记和书信格式混在了一起。其次，日记不是流水账，要选择性地记录，详略得当。这里以购物体验为主，就不应写去杭州西湖，偏题了。只要围绕一个中心，记一件事就好。请注意，忽视了语境、目的和受众的应答在讯息和概念性理解上可能得零分。

2.1.4 常用表达

开头

1. 窗外下着细雨，就像我的心情一样低落……
2. 回想当初我在中国学习中文的日子，真的令我感触良多。
3. 今天是个普通的日子，对我却很特别，因为我第一次学会了……
4. 我以前不相信网上可以交友，但这次的经历改变了我对网络交友的看法。
5. 今天是个快乐的日子，为什么呢？因为……
6. 今天老师带我们去老人活动中心，一开始我觉得……
7. 我今天很不开心，因为……

✏ 结尾

❶ 我的心情久久不能平静，我会永远记住这美好的一天。

❷ 从今天开始，我决定 / 打算要……

❸ 天气变好了，我的心情也因此好起来，我认为凡事都要学会看开……

❹ 很感谢同学们在我困难的时候伸出援手，我以后一定会……

❺ 今天就记录到这里，明日继续我美好的生活。

❻ 从明天开始，我一定好好努力……

✏ 表示心情的词语

心情	词语
喜	高兴、快乐、欢乐、兴奋、欣喜、庆幸、眉开眼笑、满心欢喜、喜出望外、心情舒畅、欣喜若狂、心花怒放
怒	生气、愤怒、负气、恼怒、怒火中烧、面红耳赤、火冒三丈、怒气冲冲、暴跳如雷、咬牙切齿、恼羞成怒、勃然大怒、气急败坏
哀	悲伤、痛苦、哀伤、悲哀、伤心、难受、难过、痛心、沮丧、绝望、忧伤、闷闷不乐、泣不成声、悲痛欲绝、泪如雨下
惊	惊讶、慌张、诧异、惊奇、不知所措、大吃一惊、目瞪口呆、瞠目结舌、大惊失色、触目惊心

2.1.5 作文练习

要求

SL：字数为 300–480，时间为 1h15m

HL：字数为 540–720，时间为 1h30m

1

<table>
<tr><td>主题</td><td>身份认同</td></tr>
<tr><td>题目</td><td>假期你到中国的一个城市参加夏令营。在那个城市，你发现很多人的生活习惯和你很不一样。请从下列的文本类型中选择一个，来谈谈你们生活习惯不同的地方以及你的感受和看法。
传单 | 电子邮件 | 日记</td></tr>
<tr><td>作文提纲</td><td></td></tr>
</table>

2

<table>
<tr><td>主题</td><td>体验</td></tr>
<tr><td>题目</td><td>你曾经到中国朋友家里参加一个中国传统节日的庆祝活动。这次经历让你对中国的传统文化和风俗有了不同的理解。请从下列的文本类型中选择一个，来谈谈你的感受。
日记 | 信 | 电子邮件</td></tr>
<tr><td>作文提纲</td><td></td></tr>
</table>

3

主题	人类发明创造		
题目	你所在的国家将推行无人驾驶汽车实验，邀请市民参加体验活动。你也参加了这次活动。请从下列的文本类型中选择一个，来谈谈你坐无人驾驶汽车的感受以及你对科学技术改变人们生活方式的看法。		
	新闻报道	日记	电子邮件
作文提纲			

4

主题	社会组织		
题目	假期学校组织同学们去中国的一个农村学校当艺术老师，教那里的学生音乐、美术等艺术课程。请从下列的文本类型中选择一个，来谈谈你当艺术老师的感受。		
	演讲稿	新闻报道	日记
作文提纲			

5

主题	共享地球
题目	你在学校的餐厅看到一些同学点了很多食物，没有吃完就扔掉了。请从下列的文本类型中选择一个，来谈谈你的感受以及对这些同学浪费食物的看法。 新闻报道 ｜ 日记 ｜ 说明书
作文提纲	

2.2 博客

博客又叫部落格、网络日志，是不定期公开张贴在网站上的文章，用来抒发情感或分享资讯。

2.2.1 格式模板

博客名称

网址

X 年 X 月 X 日　　星期 X　　XX : XX

标题

开头：写博客的原因和目的

正文：博客的主要内容 +“我”的感受和想法

结尾：鼓励读者留言

阅读（X）　　评论（X）　　转载（X）　　收藏（X）

注意

① 要注明日期和具体的时间（几分几秒）。

② 标题要顶格写。

③ 正文每段都要顶格写。

④ 最后一行要有“阅读”“评论”“转载”“收藏”的数量。

2.2.2 写作指导

❶ 用第一人称“我”写，这样才有博主的语气。

❷ 内容要考虑受众，适合网友，语言要适合读者的年龄。

❸ 一般是对发生过的事进行记录，尽量不写还没发生的事。

❹ 要有“我”的感受和想法。

❺ 要和网友有互动交流，要鼓励留言，如“你们对此有什么看法呢？”

❻ 语气是非正式的。

思考与练习

写出博客与日记的相同点、不同点。

文体	博客	日记
相同点		
不同点		

提示

博客是公开的日志，而日记是私人的。博客不仅记录自己的生活，也是知识的积累，所以博客的内容要能帮到别人、给人启示。博客是分享也是共享。

2.2.3 范文参考

随着科技的发展，青少年的交友方式也发生了改变，越来越多的年轻人选择通过互联网平台结识世界各地的朋友。请从下列的文本类型中选择一个，向广大网民介绍你通过网络交友的经历，并谈谈对网络交友的看法和感受。

博客	日记	演讲稿

分析

① 找出关键词：在题目的最后一句，找出判断文本类型的关键词“广大网民”。

② 选出文本类型：博客的对象是网友。日记的对象是自己。演讲稿的对象是大众。

③ 确定写作范围：确定文章的人称，博客要用第一人称“我”。确定文章的重点，为“网络交友的经历”与“对网络交友的看法和感受”。确定文章的时间，写下对发生过的事情的看法。

思考与练习

想一想，你会怎么写这篇作文？写下你的作文提纲。

范文点评

爱分享博客

http://www.aifenxiang.blog.com

2020 年 5 月 5 日　星期二　10:08

网络交友

随着互联网的发展，社交媒体深受我们年轻人的喜爱。我们交朋友不再限于他人介绍、聚会等面对面的传统方式，更多时候是通过社交平台结识来自世界各地的朋友。网络为越来越多的年轻人架起了一座座沟通的桥梁，我也不例外。我的性格比较内向，不擅长交际，开始通过社交媒体交友后，我的朋友圈一下子扩大了。今天我就和大家一起分享我网络交友的经验和感受。

> 介绍写博客的背景。

> 进入主题，说明写博客的目的。

去年，一次偶然的机会，我通过微信"扫一扫"认识了一个叫丽莎的中国女孩。我们通过发信息、视频或语音通话，分享每天的快乐和烦恼，给对方打气加油。交流中，我们也了解了对方国家的文化和风俗习惯。她让我看到东西方文化的不同点，我不再是一个孤陋寡闻的井底之蛙了。网络交友实现了我"朋友遍天下"的愿望。

> 使用成语、俗语有助于在评分标准 A 中得到高分。

网络交友虽然让我可以找到世界各地的朋友，尽情地聊天儿、分享自己的烦恼，但是网络是一个虚拟的世界，大家都能用虚拟的身份进入这个世界，它不真实、不可靠。而且如果每天都对着手

> 承上启下，自然地从"网络交友的经历"过渡到"看法和感受"。

机聊天儿，会荒废学业，成绩可能会一落千丈。

另外，因为网络聊天儿占用太多时间，跟家人和朋友的沟通会变少，整个人可能变得越来越孤独。

> 对前面说过的事情做进一步补充，使自己的看法更加全面。

总之，网络交友的经历的确让我们年轻人交到了更多朋友，增长了见闻。但是，也要学会自律，避免上网上瘾，掌握好时间，让学习和生活两不误。另外，还要学会判断信息的真假，保护好自己，因为网络交友也有危险性。

> 对全文进行总结，总结自己的感受，回应主题，前后照应。

如果大家对网络交友有其他看法，**请给我留言**！

> 和网友互动交流。

阅读（110）　评论（52）　转载（15）　收藏（18）

案例分析

1

爱分享博客

aifenxiang@gmail.com

2020 年 5 月 5 日　星期二　10:08

　　互联网的快速发展让社交媒体深受年轻人的喜爱，青少年的交友方式不再局限于参加活动和聚会，而是通过互联网结识世界各地的朋友。……

点评

注意博客的格式：博客名称下面应该是网址，而不是邮箱。博客需要写标题。段落开头要顶格写，不可以空两格。

2

爱分享博客

http://www.aifenxiang.blog.com

2020 年 5 月 5 日　　星期二　　10:08

网络交友

最近，我注意到我的朋友丽莎心情很不好。和她交流后，才知道原来她通过网络交了一个朋友，最近这个朋友一直跟她吵架。她觉得心情很不好。

丽莎的朋友是美国人，一开始她们……

点评

博客要用第一人称“我”来写，才能写出“我的感受和看法”。题目也是要求写“我”的网络交友经验，而不是别人的经验。文章第一段就提“丽莎”的网络交友经验是错的，在概念性理解上会直接丢分。

3

爱分享博客

http://www.aifenxiang.blog.com

2020 年 5 月 5 日　　星期二　　10:08

网络交友

网络交友是通过互联网平台结识朋友。多数网站依靠网络交友功能来获得流量。随着更多应用功能的开发，网络交友的服务形式也越来越丰富，网络交友的方式变的更具有针对性。……

点评

博客应该以博主的口气写作，语气应该是非正式的，内容要考虑受众。文章一开始就用很正式的口气向大家介绍什么是网络交友，好像在写正式的文章，不适合博客的语气，将在概念性理解上丢分。

4

> 爱分享博客
>
> http://www.aifenxiang.blog.com
>
> 2020 年 5 月 5 日　　星期二　　10:08
>
> 通过网络交友
>
> 朋友们大家好！谢谢你们花包贵时间来阅读我的博客。今天我想跟大家讨论一个非常接近我心的事：通过网络交友。互联网是人类最有价值的创造，一致将不同文化联系在的设备。在我们年轻社会，互联网的快速发展，深受我们年轻人的广大喜爱。互联网也给大家的生活带来了很多的改变，让我们不出家门，就知道天下事。我很喜欢互联网。……

点评

标题没有写清楚，没有抓住题目的中心是“网络交友”。第一段一开始应该直接进入“网络交友”的主题，而不是大谈特谈“互联网”。离题了，写再多，在讯息部分也没有分数。

2.2.4 常用表达

✏ 开头

❶ 不知从何时开始……。今天我就和大家一起来分享我对……的感受。

❷ 现在的人越来越重视……，而忽视了……。应该如何做好……？今天让我们一起来谈谈……吧！

❸ 最近，我观察到我们学校里有些……，令我感触良多。我写这篇博客的目的是想谈谈我对这些现象的看法和感受。

❹ 近年来，越来越多的年轻人热心……。我觉得年轻人应该……

✏ 结尾

❶ 关于……，大家是什么态度？欢迎给我留言。

❷ 我希望大家读了我的博客后会对……有更深的认识。你们对此有不同的看法吗？欢迎留言哦！

❸ 我认为大家都可以为……出自己的一份力。大家各抒己见，说说你们的看法吧，欢迎留言！

❹ 欢迎大家留言，提出意见！

❺ 如果大家对……有不同的看法，请给我留言呀！

2.2.5 作文练习

要求

SL：字数为 300–480，时间为 1h15m

HL：字数为 540–720，时间为 1h30m

1

主题	身份认同
题目	现在的学生由于学习压力大，缺乏运动，还经常熬夜学习，造成睡眠不足。长此以往，将对青少年的健康造成很大的影响。请从下列的文本类型中选择一个，根据你自己的经验，来向广大网民说说青少年不重视健康的后果以及保持健康的重要性。 辩论稿 ｜ 电子邮件 ｜ 博客
作文提纲	

2

主题	体验
题目	随着全球化的发展，越来越多的年轻人不重视本民族的传统节日，更喜欢庆祝西方的节日。请从下列的文本类型中选择一个，来向广大网民说说不重视传统节日的后果以及如何增强年轻一代对传统节日的重视。 博客 ｜ 日记 ｜ 演讲稿
作文提纲	

3

主题	人类发明创造
题目	近些年，社会上美容整形的风气越来越盛行。不少青少年为了变美走进整容医院，希望通过整形手术来让自己变得更好看、更自信。请从下列的文本类型中选择一个，来向广大网民说说你对这种现象的看法。 新闻报道 | 说明书 | 博客
作文提纲	

4

主题	社会组织
题目	最近，随着汉语热的流行，越来越多年轻人把中文作为第二外语必修课。你们学校 90% 的学生都把中文作为必修课。请从下列的文本类型中选择一个，来和网民谈谈你学习汉语的感受以及对汉语热的看法。 传单 | 博客 | 电子邮件
作文提纲	

5

<table>
<tr><td>主题</td><td>共享地球</td></tr>
<tr><td>题目</td><td>现代人工作繁忙，多喜欢使用一次性餐具。无论是学校的餐厅，还是酒店、机场，都能看到人们使用一次性餐具的现象。请从下列的文本类型中选择一个，来和广大网民谈谈你对这种现象的看法以及应该如何保护环境。
<table><tr><td>演讲稿</td><td>博客</td><td>信</td></tr></table></td></tr>
<tr><td>作文提纲</td><td></td></tr>
</table>

2.3 信

信是写给亲人、朋友、老师、长辈的，用来交流思想、表情达意。

2.3.1 格式模板

亲爱的 / 尊敬的 XX：

□□ 开头：问候语 + 写信目的

□□ 正文：信的主要内容 +“我”的建议和想法

□□ 结尾：结束语 + 期待

□□ 祝

身体健康！

友

XX

X 年 X 月 X 日

注意

① 称谓顶格写。

② 称谓后要用"："。

③ 正文每段空两格。

④ "祝"前空格两格，下一行的祝福语要顶格写。

⑤ 署名和日期放在右下角。

⑥ 日期要按"X年X月X日"的顺序写，与英文不同。

2.3.2 写作指导

❶ 开头要有称谓，要让人清楚地看出这封信是写给谁的。

❷ 开头要清楚地表达问候，说明为什么写这封信。

❸ 要和对方有互动交流，如"你认为呢？""你觉得呢？"

❹ 结尾要再次重申写信的目的。

❺ 署名可以不写姓，只写名字。

❻ 语气因写信的对象不同而不同。对老师、长辈的语气要尊重、恭敬，对同学、朋友的语气可随和、亲切。

2.3.3 范文参考

快要考试了，你的朋友学习压力很大，吃不下饭，也睡不着觉，看了很多医生也没治好失眠、食欲不振等问题。请从下列的文本类型中选择一个，来和你的朋友分享自己面对压力的经历并告诉他/她一些减轻压力的方法。

信	日记	演讲稿

分析

① 找出关键词：在题目的最后一句，找出判断文本类型的关键词“你的朋友”。

② 选出文本类型：信的对象是亲友或者师长。日记的对象是自己。演讲稿的对象是大众。

③ 确定写作范围：确定文章的重点，为“自己面对压力的经历”与“减轻压力的方法”。

思考与练习

想一想，你会怎么写这篇作文？写下你的作文提纲。

范文点评

亲爱的小文：

你好吗？听说你最近因为学习压力大，吃不下饭，也睡不着觉，看了很多医生都没有治好。我写这封信就是想跟你分享我面对压力的经历还有一些办法。

> 紧扣了题目，又介绍了写信的背景，一举两得。

> 抓住题目的中心，点出写信的目的。

前不久我也同样面临很大的学习压力，每天都很焦虑。我担心学习不够努力，怕交朋友会浪费学习的时间。因为生活中没有知心朋友，和别人的交流也很少。我的脑子好像坏了一样，上课听不懂老师在讲什么，以前的事情也想不起来了，连跟父母都说不出自己心里想说的话。我一点儿也不想上学，甚至一度想离家出走。后来，我冷静下来，思考自己为什么会变得如此焦虑。我觉得一部分是因为父母给的压力，他们非常在意我的学习成绩，一部分是因为自己太有上进心，凡事要求完美所导致。

> 利用“前不久”“后来”叙述自己面对压力的经历，使事件清晰、有层次。

> 使用“连”“一点儿也不”“甚至一度”说明压力巨大。

> 结尾分析原因，条理清晰。

只有正确面对自己的问题，才能找到减轻压力的办法。我们不应该太在意别人的看法，只要自己努力了就可以了。学习紧张时也可以放下书，做做运动、听听轻音乐、看看喜剧片，这些都是消除精神压力的好办法。

> 承上启下，自然地从“面对压力的经历”过渡到“减轻压力的方法”。

好了，我就写到这里。希望你能拥有好的心态，积极面对难题，正确面对自己，找到适合你的减轻压力的办法。期待不久收到你的来信，也请你代我问候你的家人。

结尾表达期待，并给予问候。

祝

身体健康！

友

志强

2020 年 4 月 5 日

案例分析

1

尊敬的小文，

您好！希望你一切顺利。我知道你想知道怎么睡得着，吃得下饭，我这就告诉你。……

况

好！

8 月 7 日 2020 年

吴志强

点评

小文是朋友，不是长辈，所以要用"亲爱的小文"，不是"尊敬的小文"。称谓后面要用冒号，而不是逗号。因为是朋友之间的问候，用"你好"即可，"您好"用于对长辈的问候。书信每个段落开始之前都要空两格。"祝"前面也要空两格，且这里写成了错别字。"好"要顶格写。日期要按年月日的顺序来写，位置应该在署名下面。因为是给朋友的信，署名不用写姓，写"志强"就可以了。

2

> 亲爱的朋友小文：
>
> 你好！最近好吗？我今天写着个信给你，就是要告诉你如何我的近况。我最近吃不下饭，也睡不着。学习压力太大了。
>
> 小美建议我如果要减轻压力，可以去跑跑步，不要想太多，顺其自然。……

点评

要注意审题，题目是要求写自己的经历、自己给小文的建议，而不是小美给自己的建议。

3

> 亲爱的小文：
>
> 现代人的工作、学习压力大，忽略了身体健康，导致睡眠不足，食欲不佳。你也不例外。
>
> 年轻人会压力大都是焦虑引起的。焦虑是担心自己的目标达不到，也就是对自己期待太高。专家认为减轻心理压力有以下几个方法：
>
> 1. 首先要保持好的心态，正确认识自己。对自己的身体素质、知识才能、社会适应力等要有自知之明，尽量避免做一些力所不及的事情，引起不必要的压力。
>
> 2. 如果压力太大，可以学习自我调节，以适当方式宣泄自己内心的不快和抑郁。……

点评

注意写作的语气，写信的对象是朋友，语气应该是亲切、随和的，而不应该用写报告式的正式语气。

4

> 亲爱的小文：
>
> 别来无恙！听说你最近学习压力大，吃不下饭，睡不着觉，我觉得你很可怜。
>
> 我觉得你可以去看看中医。看中医有很多好处。
>
> 中药可以用于预防、治疗疾病并具有保健作用。中药主要来源于天然药及其加工品。由于中药以植物药居多，与西药相比，副作用相对较小，更安全。但是它没有西药见效快。……

点评

本篇作文离题太严重。题目要求是"分享自己面对压力的经历并告诉他/她一些减轻压力的方法"，但是作文中花了很大的篇幅去写中医的好处。

2.3.4 常用表达

✏ 开头

❶ 你好吗？好久没有你的消息，看了你的博客才知道你最近……。我这次写信的目的是……

❷ 别来无恙！你的来信上周已经收到，可是最近太忙了，一直没有时间回信，真不好意思。听说你最近……，真替你感到难过。我写信来想跟你分享一下我的经历。

❸ 收到你的来信，知道你一切安好，这让我很放心。今天我想跟你谈谈我对……的看法。

❹ 好久没有收到你的来信了，一切可好？我很是挂念。

✏ 结尾

❶ 好了，就写到这里了，希望你……。期待收到你的来信，也请你代我问候你的家人。

❷ 不知我的建议对你是否有帮助。望早日收到你的来信。

❸ 时候不早了，就此停笔。希望早日收到你的来信，和我分享你的看法。

✏ 祝福语

❶ 好！

❷ 平安！

❸ 身体健康！

❹ 一切如意！

❺ 一帆风顺！

❻ 生活愉快！

❼ 学习进步！

❽ 工作顺利！

❾ 早日康复！

2.3.5 作文练习

要求

SL：字数为 300–480，时间为 1h15m

HL：字数为 540–720，时间为 1h30m

1

主题	身份认同
题目	你的朋友在写作文的时候因为使用太多的网络用语而考试不及格。他对此很不理解。请从下列的文本类型中选择一个，来和你的朋友分享你使用网络用语不愉快的经历以及如何写好作文的一些建议。 辩论稿　　信　　博客
作文提纲	

2

主题	体验
题目	你的一位外国朋友被邀请到中国人家里吃晚餐，可是他并不了解到中国人家里做客需要注意的礼节。请从下列的文本类型中选择一个，来向你的朋友介绍中国人的餐桌礼仪以及你的一些建议。 博客　　日记　　信
作文提纲	

3

<table>
<tr><td>主题</td><td>人类发明创造</td></tr>
<tr><td>题目</td><td>你的朋友很喜欢画画儿，可是她父母认为学习更重要，不允许她花太多时间在艺术上。请从下列的文本类型中选择一个，来和你的朋友分享你与父母沟通的经历，并说说如何平衡学习和兴趣爱好之间的关系。
<table><tr><td>新闻报道</td><td>信</td><td>博客</td></tr></table></td></tr>
<tr><td>作文提纲</td><td></td></tr>
</table>

4

<table>
<tr><td>主题</td><td>社会组织</td></tr>
<tr><td>题目</td><td>你朋友的学校要求每个学生上课之前都必须把手机关机并交给老师管理。你的朋友因为没有遵守规定而被老师责罚，心情很不好。请从下列的文本类型中选择一个，向你的朋友谈谈自己对这件事的看法。
<table><tr><td>宣传册</td><td>博客</td><td>信</td></tr></table></td></tr>
<tr><td>作文提纲</td><td></td></tr>
</table>

5

<table>
<tr><td>主题</td><td colspan="3">共享地球</td></tr>
<tr><td rowspan="2">题目</td><td colspan="3">最近，你们全家移民到国外，你很想念以前的同学。请从下列的文本类型中选择一个，来跟以前的同学谈谈在国外学习和生活的感受。</td></tr>
<tr><td>演讲稿</td><td>博客</td><td>信</td></tr>
<tr><td>作文提纲</td><td colspan="3"></td></tr>
</table>

2.4 公函

公函是个人向机构、领导表达正式邀请、申请、投诉、感谢、表扬、建议等的信件。公函还包括反映意见的专栏文章、给编辑的信和提案等。

2.4.1 格式模板

尊敬的 X 校长 / 主任 / 会长：

标题

□□ 开头：问候语 + 自我介绍 + 写信目的

□□ 正文：事件背景 + 邀请 / 申请 / 投诉 / 感谢 / 表扬 / 建议理由

□□ 结尾：结束语 + 期待

□□ 此致

敬礼！

学生

XX 敬上

X 年 X 月 X 日

注意

① 称谓顶格写。

② 称谓后要用“：”。

③ 正文每段空两格。

④ “此致”前空两格，“敬礼”顶格写。

⑤ 署名和日期写在右下角。

⑥ 日期要按“X 年 X 月 X 日”的顺序写，与英文不同。

2.4.2 写作指导

❶ 称呼用姓氏加职位，如“尊敬的吴校长”。

❷ 标题说明写作目的，如“申请……”。标题要加下划线，引起重视。

❸ 祝福语写“此致敬礼”。“敬礼”后要有“！”。

❹ 署名写上身份和全名，并在后面加上“敬上”，表示尊重。

❺ 语气必须是正式的。

思考与练习

写出公函与私函的相同点、不同点。

文体	公函	私函
相同点		
不同点		

提示

公函是写给机构或组织的，语气正式。私函即信，是写给亲友或师长的，语气是半正式、非正式的。公函与私函的祝词不同，署名、称呼也不同。

2.4.3 范文参考

你们学校的学生会要组织学生到贫困国家做义工，在当地的小学教英文课程。你很想参加这次活动。请从下列的文本类型中选择一个，向学生会分享你做义工的经历并说明为什么学生会应该选你去做义工。

申请信	博客	演讲稿

分析

① 找出关键词：在题目的最后一句，找出判断文本类型的关键词“学生会”。

② 选出文本类型：申请信的对象是机构、组织，学生会就是一个组织。博客的对象是网友。演讲稿的对象是大众。

③ 确定写作范围：确定文章的重点，为“你做义工的经历”与“为什么学生会应该选你”。

思考与练习

想一想，你会怎么写这篇作文？写下你的作文提纲。

范文点评

尊敬的学生会会长：

申请做义工

> 标题直接说明写信目的。

您好！我是来自高一（五）班的包小亮。听说学生会正在招募志愿者到贫困国家做义工。我特别关注贫困国家儿童的学习和生活情况，因此，我特意写这封信向您申请做义工。

> 说明自己对贫困国家儿童的关心，写明申请目的。

随着贫富差距的扩大，很多贫困国家的儿童不仅生活条件很差，而且从小没有接受过教育。如果没有知识，就无法改变现状，还可能会变得越来越贫穷。帮助他们改变贫困的状况是我们这些年轻人的责任和义务。因此，这几年我参加了很多救助贫困儿童的活动。例如，给生活在柬埔寨的贫困儿童送生活用品，亲自体验他们的生活。再如，我参与了学校去年组织的送知识到贫困地区的活动，我们给当地的儿童讲故事，还帮他们建立了小型图书馆。

> 描述事件背景，说明帮助贫困儿童的必要性。

> 写自己做义工的经历，为下面说明自己适合这份义工活动做铺垫。

做义工不仅让我有机会为社会出力，丰富了我的生活体验，而且还为我提供了学习的机会。多年的做义工经验，让我能适应贫困国家恶劣的生活环境，也知道如何与当地的儿童沟通、相处，我还积累了很多碰到紧急情况的应急处理经验。我相信，我的加入能为我们学校的义工活动尽一份力。

> 说明做义工的好处，也点出为什么学生会应该选自己。

做义工是一项有意义的工作，既能体验生活，又能锻炼能力，除此之外，还能增广见闻。我认为年轻人只要有能力，就要回馈社会，帮助有需要的人。希望学生会能接受我的申请，期盼早日收到您的回复。谢谢！

总结做义工的意义。

总结自己的看法，表明自己做义工的意愿和期待。

此致

敬礼！

学生

包小亮 敬上

2020 年 5 月 5 日

案例分析

1

亲爱的学生会，

申请做义工

你好！我是本校高一的学生包小亮同学。昨天看到学生会招收义工的广告后，我很兴奋，觉得这是一件很有意义的事。……

祝好！

8 月 7 日 2020 年

申请人

小亮

点评

公函的称谓前应该用“尊敬的”，而不是“亲爱的”。称谓后面要用冒号，而不是逗号。标题应该放在中间，加下划线，引起读者的重视。对领导和机构，要用“您好”，不是“你好”。每个段落开始时都要空两格。公函的祝福语，只能是“此致敬礼”，不能用“祝好”。日期要按年月日的顺序，要放在最下方。署名要靠右边。署名的时候不可以只写“小亮”，要写上姓，表示正式。姓名后面还要加“敬上”。

2

尊敬的学生会：

您好！最近好吗？我今天写信是想申请做义工。谢谢您给我们提供这么好的机会。

我的父母从小培养我做人要有善心，有空的时候要多帮助别人。我爸爸是个工程师，一到周末，就去社区帮助老人家修理家具和电风扇。我妈妈也会到独居老人家里帮忙做饭、洗衣服。我的父母觉得去贫困国家做义工很有意义，所以他们一致鼓励我申请这个难得的机会。……

点评

公函最好有标题，直接说明写信的来意，如“申请做义工”。公函的对象是机构，所以不用写问候语“最近好吗？”你是“申请者”，申请信的内容应该是你为什么适合做义工，而不是大谈特谈父母亲做义工的经历。

3

尊敬的学生会：

申请做义工

你好！希望你一切顺利。我最近看到学生会要找义工的事，我很兴奋，兴奋得怎么睡得着，吃得下饭。去贫困地方做义工是我一直以来的期望，你不知道我为此盼望了多久呢？……

点评

写信的对象是学生会，语气要正式、严肃，不可以随意，否则给人不重视的感觉。

4

尊敬的学生会：

申请做义工

您好！本人是新加坡明星学校的学生包小亮。我今天写信的目的是想申请去贫困国家做义工。

做义工有很多好处。首先做义工是传递爱心，传播文明的表现，是有助于建立和谐社会。其次，通过做义工，志愿者不仅有机会为社会出力，尽一份公民责任和义务，也可以丰富生活体验。……

点评

本篇作文离题太严重。题目要求是“分享你做义工的经历并说明为什么学生会应该选你去做义工”，但是作文中花了很大的篇幅去写做义工的好处。

2.4.4 常用表达

✏ 开头

❶ 您好！本人是……，我特意写信向您申请……

❷ 您好！我是……，最近……，我想向您投诉……

❸ 您好！本人是一名中学生，此次致函是为了投诉……

❹ 今天我写这封信的目的就是想向您反映……，请求您多关注……问题。希望我的建议能引起您的重视。

❺ 听说学校正在招义工，我特别关注孤独老人的生活情况，因此特意写信向您申请这份工作。

✏ 申请信 / 请求信的结尾

❶ 听说您一向关心学生的身心健康，希望您能关注我市的雾霾问题。为了我们健康的学习、生活环境，请接受我们的请求！恳请您早日回复！谢谢！

❷ 听说您一向关心、注重保护中国的传统文化，希望您能为了……

❸ 希望您能接受我的申请，期盼早日收到您的回复。谢谢！

❹ 所谓“助人为快乐之本”，做义工不仅能帮助别人，自己也能开阔视野。真希望我能加入你们的行列。盼望早日收到您的回复。谢谢！

❺ 感谢您抽时间阅读本人的申请信，希望您能仔细考虑我的申请，不胜感激。

✏ 投诉信的结尾

❶ 恳请您派人前往调查这件事，并考虑本人的建议。

❷ 希望您能考虑我的建议。

✏ 表扬信的结尾

❶ 我代表高一(四)班的全体同学向……见义勇为的行为致以最崇高的敬意。

❷ 非常感谢……的服务与帮助，特写信表扬。

✏ 建议信 / 提案的结尾

❶ 希望您能接受我们的建议，也希望可以尽早收到您的答复。

❷ 恳请您考虑我们的提案。

✏ 私函和公函的常用表达

私函	公函
我	本人
你	您
我的学校	本校
你的学校	贵校
想申请的人	有意申请者
听说	素闻
十分感谢	不胜感激 / 感激不尽
非常希望	殷切希望 / 恳切希望
尽早回信	早日赐复
因此写这封信来表达感谢	特此致函，以致谢意
人数有限，请尽快报名	名额有限，欲报从速
没有足够的钱财	资金不足
收获很多	受益匪浅

2.4.5 作文练习

要求

SL：字数为 300-480，时间为 1h15m

HL：字数为 540-720，时间为 1h30m

1

主题	身份认同		
题目	你觉得现在的年轻人浪费太严重。你认为应该鼓励年轻一代实行极简主义生活，一切从简，不去浪费。请从下列的文本类型中选择一个，来向本地报刊的编辑介绍你的看法，说明极简主义生活的好处。		
	辩论稿	公函	博客
作文提纲			

2

主题	体验		
题目	你到国外做义工的时候不小心生病了，你得到了当地村民无微不至的关心和照顾。请从下列的文本类型中选择一个，来向当地村长说明事情经过，并感谢村民在你生病时的照顾。		
	博客	日记	公函
作文提纲			

3

主题	人类发明创造
题目	你的学校担心学生抄袭网络上的学习资料，因此规定学生不能上网查找资料。你对此很不理解，也很反对。请从下列的文本类型中选择一个，向学校投诉并说明你的看法和建议。 新闻报道 | 公函 | 博客
作文提纲	

4

主题	社会组织
题目	你想出国读大学，但家里无法资助你出国读书。你打算向喜欢的大学申请奖学金，以实现你的梦想。请从下列的文本类型中选择一个，向该大学说明为什么他们应该给你奖学金。 宣传册 | 博客 | 公函
作文提纲	

5

<table>
<tr><td>主题</td><td>共享地球</td></tr>
<tr><td>题目</td><td>你发现同学们的浪费现象很严重。你计划在学校推行垃圾分类活动，在公共场所和每个教室放分类垃圾筒，并逐步向学生们宣传垃圾分类的重要性。请从下列的文本类型中选择一个，来向校长说明实行垃圾分类计划的理由并请他 / 她允许你在校园宣传你的垃圾分类计划。
<table><tr><td>演讲稿</td><td>博客</td><td>公函</td></tr></table></td></tr>
<tr><td>作文提纲</td><td></td></tr>
</table>

2.5 电子邮件

电子邮件是通过互联网收发的信件，可以及时有效地传递信息。

2.5.1 格式模板

寄件人：XX@email.com
收件人：XX@email.com
日期：X 年 X 月 X 日
主题：XXXXXX
亲爱的 / 尊敬的 XX：

开头：问候语 + 电子邮件的目的

正文：电子邮件的主要内容

结尾：结束语 + 期待

祝
身体健康！
XX

注意

① 要有寄件人、收件人、日期和主题。

② 日期要按“X年X月X日”的顺序写，与英文不同。

③ 称谓后要用“：”。

④ 正文每段都要顶格写。

⑤ 祝福语和署名在左下角。

2.5.2 写作指导

❶ 主题要尽量简单、清楚，要切题。

❷ 要有开场白，如问候或是回应上一封电邮的内容。

❸ 要有结束语。

❹ 署名可以不写姓。

❺ 语气是半正式、非正式的。

思考与练习

写出电子邮件与私函的相同点、不同点。

文体	电子邮件	私函
相同点		
不同点		

提示

电子邮件和私函都是写给亲友、师长的，语气是半正式、非正式的。但电子邮件也可以作公函，根据对象的不同，语气也不同。电子邮件和私函写作的内容框架都一样，主要区别在格式上，如电子邮件有主题等。

2.5.3 范文参考

一位朋友要到你的国家旅行。请从下列的文本类型中选择一个，向朋友介绍你们国家的旅游景点，并给他 / 她的旅游行程提一些建议。

电子邮件	博客	演讲稿

分析

① 找出关键词：在题目的最后一句，找出判断文本类型的关键词“朋友”。

② 选出文本类型：电子邮件的对象是亲友、师长。博客的对象是网友。演讲稿的对象是大众。

③ 确定写作范围：确定文章的重点，为“介绍你们国家的旅游景点”与“旅游行程提一些建议”。

思考与练习

想一想，你会怎么写这篇作文？写下你的作文提纲。

范文点评

寄件人：xiaohua@gmail.com

收件人：hanna@gmail.com

日期：2020 年 8 月 8 日

主题：旅行建议

亲爱的汉娜：

你好！邮件已收到。听说你打算假期来北京旅游，我很高兴。到北京旅行是感受中国传统文化的好机会，你还可以趁机锻炼一下你的中文，一举两得。接下来，我会先大概介绍一下北京，再对你的旅行计划提一点儿建议。

> 先打招呼，回应之前的邮件。之后紧扣题目，交代写邮件的背景。

> 逐步点明写邮件的目的和邮件的内容。

北京是中国的首都，也是中国的文化中心。俗话说"不到长城非好汉"。到北京一定要爬长城，体验一下世界八大奇迹之一的伟大建筑。故宫也是世界文化遗产，是中国古代建筑的代表。如果你喜欢现代建筑，可以去奥林匹克公园附近走走。那里有 2008 年奥运会场馆——鸟巢和水立方。最后，你还可以坐着三轮车，看看北京的胡同和四合院，感受一下北京人的生活，也会是很好的体验。

> 使用俗语将提高语言分数。

> 通过"如果……，可以……""最后，你还可以……""……，也会是很好的体验"委婉地提出建议。

但是，北京可看的景点实在太多了，假如你什么都想看，不仅看不完，还会很累。你在来之前应该对自己的行程有一个规划。我还建议你找一位导游。北京的景点很多都是"三分看七分听"，

> 承接上文关于景点的介绍，引出行程建议。

> 用"建议""最好"提出建议。

如果没有导游讲解，就不能了解其中的历史文化。除了讲解，导游还可以给你推荐一些北京小吃去品尝。对了，你最好再安排一天去小商品一条街，用你所学的中文买买东西。

> 运用关联词使文章更有条理性。

> 有互动的感觉，使电邮更真实，符合语境。

好了，我就介绍这么多。希望我的建议对你有帮助，也代我问候你的家人。

> 在结束语后提出期待。

祝

身体健康！

小华

案例分析

1

> 亲爱的汉娜：
>
> 你好！好久没有联系！你在信上说要来我们国家旅行，我真是太高兴了！……
>
> 祝好！
>
> 7 日 9 月 2020 年
>
> 林小华

点评

注意电子邮件的格式。电子邮件要有寄件人、收件人、日期、主题。电子邮件的每个段落都要顶格写，祝词也要顶格写。日期要按年月日的顺序，且不是放在署名的位置。署名的位置应在左边。因为是朋友关系，署名不用写姓，显得更亲切。

2

寄件人：xiaohua@gmail.com

收件人：hanna@gmail.com

日期：2020 年 8 月 8 日　　星期六　　下午 4:10

主题：您好吗？

尊敬的汉娜：

您好！别来无恙！您一向工作繁忙，百忙之中抽空来我的国家旅行，不胜感激。我今天写信是想给您的旅游行程提点建议。……

点评

日期只要写年月日就好。电子邮件的主题应该是主要内容的浓缩，不是打招呼。因为写作对象是“一位朋友”，用“亲爱的”“你好”就可以了。朋友之间的邮件语气应该亲切、随和，而不是正式的，如“我可以帮你看看行程，希望对你有帮助”。

3

寄件人：xiaohua@gmail.com

收件人：hanna@gmail.com

日期：2020 年 8 月 8 日

主题：旅行建议

亲爱的汉娜：

你好！听说你要来北京旅行，我帮你介绍一下北京。北京是一座有着三千多年历史的古都。北京的气候为典型的北温带季风气候，夏季高温多雨，冬季寒冷干燥，春、秋短促。北京是世界第八大“美食之城”，北京的风味小吃历史悠久、品种繁多、用料讲究、制作精细。……

点评

写邮件的对象是一位朋友，语气应该是随和、亲切的。受众不对，这里对北京的介绍好像是一份简报，而不是写给朋友的电子邮件。

4

寄件人：xiaohua@gmail.com

收件人：hanna@gmail.com

日期：2020 年 8 月 8 日

主题：旅行建议

亲爱的汉娜：

你好！听说你要来北京玩。前不久，我刚好也去北京玩了五天。我是经过朋友的介绍找到了北京的当地的导游蓓蓓带我们玩的。我们的酒店，门票，吃饭都是她帮我们安排，省了我们很多麻烦。最主要蓓蓓能够根据你的时间和意向来帮你规划精华景点，少走很多弯路。蓓蓓这个导游真的很棒，你找她就对了!……

点评

题目要求是让介绍旅游景点、对行程提建议。但这篇文章里大部分都在讲导游有多好，反而像在介绍导游了，重心错了。

2.5.4 常用表达

开头

❶ 近来好吗？听说你最近……

❷ 好久不见，我很想念你。你最近可好？

❸ 光阴似箭，一转眼假期就要到了。你假期有什么计划吗？

❹ 收到你的邮件，知道你一切安好，这让我很放心。今天我想跟你谈谈我对……的看法。

✏ 结尾

❶ 希望我们以后能多多交流，多多联系。

❷ 有什么需要我帮忙的，尽管提出，我一定会尽力帮忙。

❸ 你对这件事有什么看法呢？很希望听听你的意见。

✏ 祝福语

❶ 好！

❷ 平安！

❸ 身体健康！

❹ 一切如意！

❺ 一帆风顺！

❻ 生活愉快！

❼ 学习进步！

❽ 工作顺利！

❾ 早日康复！

2.5.5 作文练习

要求

SL：字数为 300-480，时间为 1h15m

HL：字数为 540-720，时间为 1h30m

1

主题	身份认同
题目	你的朋友已经学了一段时间汉语了。一开始他还很喜欢，慢慢地觉得汉语非常难，想要放弃。请从下列的文本类型中选择一个，和他分享你学汉语的经历，说说学汉语的好处并鼓励朋友继续学汉语。 辩论稿 | 电子邮件 | 博客
作文提纲	

2

主题	体验
题目	你打算暑假去中国的一个城市住一个月，学习中文并体验当地的文化。请从下列的文本类型中选择一个，来向你的朋友说说你的计划。 博客 | 日记 | 电子邮件
作文提纲	

3

主题	人类发明创造
题目	比起学习，你更喜欢看小说。你的朋友却认为看小说会耽误学习的宝贵时间。请从下列的文本类型中选择一个，和你的朋友谈谈自己对小说的看法并分享你的经历。 新闻报道 | 电子邮件 | 博客
作文提纲	

4

主题	社会组织
题目	你的朋友最近总是玩手机，手机被父母没收了。她因此和父母吵架，关系紧张，甚至想离家出走。请从下列的文本类型中选择一个，给你的朋友出出主意，谈谈如何处理好和父母的关系。 传单 | 博客 | 电子邮件
作文提纲	

5

<table>
<tr><td>主题</td><td colspan="3">共享地球</td></tr>
<tr><td rowspan="2">题目</td><td colspan="3">最近，得癌症的人越来越多。你朋友的奶奶得癌症四年了，她受不了癌症的折磨，打算选择安乐死。你朋友的家人很反对。请从下列的文本类型中选择一个，安慰你的朋友，并和他谈谈你对安乐死的看法。</td></tr>
<tr><td>演讲稿</td><td>博客</td><td>电子邮件</td></tr>
<tr><td>作文提纲</td><td colspan="3"></td></tr>
</table>

2.6 演讲稿

演讲稿是在公开场合发表意见或致辞的讲稿，具有宣传、鼓动、教育等作用。

2.6.1 格式模板

尊敬的校长、亲爱的同学们：

□□ 开头：问候语＋自我介绍＋演讲主题

□□ 正文：有条理地阐述观点

□□ 结尾：总结观点＋提出呼吁＋表达感谢

注意

① 称谓后要用“：”。

② 正文每段空两格。

③ 无需祝福语和日期。

2.6.2 写作指导

❶ 称谓要按照身份的尊卑排列顺序，如“尊敬的校长、老师，各位同学”。

❷ 好的开头能够抓住听众的注意力，常用的开头有点明主题、交代背景、提出问题等。

❸ 演讲的主体部分要有重点、有层次，各段应上下连贯，段与段间应有过渡和呼应。

❹ 和听众要有互动，可以通过排比、举例子来说服大家。

❺ 结尾有深化主题的作用，可以使用反问来引发听众思考，可以引用名言来升华主题，可以归纳概括演讲的中心思想，也可以展望未来。

❻ 最后记得“谢谢大家！”“谢谢各位！”，符合演讲稿的现场感。

❼ 语气必须是正式的。

2.6.3 范文参考

随着全球化的发展，传统节日越来越不受年轻人重视，他们更喜欢庆祝西方的节日，如万圣节、情人节、圣诞节等。请从下列的文本类型中选择一个，向全校师生分享你的看法并呼吁大家重视庆祝传统节日。

新闻报道	日记	演讲稿

分析

① 找出关键词：在题目的最后一句，找出判断文本类型的关键词“全校师生”。

② 选出文本类型：新闻报道的对象是读者。日记的对象是自己。演讲稿的对象是大众，题目中的关键词是“全校师生”，因此选择演讲稿。

③ 确定写作范围：确定文章的重点，为“传统节日不受重视”“分享你的看法”与“重视庆祝传统节日”。

思考与练习

想一想，你会怎么写这篇作文？写下你的作文提纲。

范文点评

各位老师、各位同学：

大家好！我是高一（四）班的王小川。**不知你们是否发现？**全球化的今天，越来越多的年轻人更喜欢西方的节日，但是，自己文化中的传统节日，他们不但不感兴趣，甚至觉得庆祝传统节日是一种麻烦。你是否也和他们一样呢？今天，**我就来和大家谈谈**庆祝传统节日的重要性。

> 通过问句和听众进行沟通，向听众介绍不重视庆祝传统节日的现象，为后面引出演讲的主题做铺垫。

> 直接讲明演讲的目的。

首先，我认为年轻人不重视庆祝传统节日是很悲哀的。随着全球化的快速发展，不少年轻一代的华人不重视庆祝中国的传统节日，反而热衷于过洋节。但是，绝大部分年轻人庆祝西方的节日只是为了狂欢、热闹。每个民族都有自己的根、自己的文化、自己的风俗、自己的节日。年轻一代不懂得自己民族的文化，却热衷于庆祝并不真的理解的洋节。**难道我们年轻人就这么可怜吗？**

> 使用"首先""其次"有顺序、有条理地展开论述，说明自己的看法。

> 进行反问，不但是和听众的沟通，也使演讲更有说服力。

其次，传统节日是民族历史文化的一个重要组成部分。庆祝传统节日有利于我们了解历史，可以帮助我们记住重要的历史事件。庆祝传统节日有利于我们学习传统文化，会影响我们的价值观、生活方式和道德标准。庆祝传统节日还有利于家庭的团结。很多传统节日都蕴含着家庭伦理、对亲情的重视，这是任何时代都需要的。庆

> 进一步说明自己的看法，讨论庆祝传统节日的重要性。

祝传统节日，可以让我们知道我们是谁、我们的根在哪里。

总之，传统节日是民族文化的载体，庆祝传统节日不仅有利于弘扬优秀的传统文化，也有利于增强民族文化的认同感。

使用“总之”“因此”等总结性词语总结观点，首尾呼应，结构清晰。

因此，**我呼吁**在座的各位携起手来，更加重视庆祝传统节日。只有这样，**才能**保护和传播我们的传统文化，**才能**让我们和外国人交流的时候更自信、更自豪。

再次点明演讲目的，呼吁大家重视庆祝传统节日。

排比句使结尾更有力，给听众留下印象，令人思考。

谢谢大家！

案例分析

1

各位老师、各位同学，

你好！好久没有联系！今天我想跟大家谈谈庆祝传统节日的重要性。……

2020 年 7 日 9 月

王小川

点评

称谓后面要用冒号。演讲稿的每个段落开始都必须空两格。称谓是“各位老师、各位同学”，说明听众是很多人，所以应该说“大家好”，而不是“你好”。这是演讲稿，不是写信，不应该出现“好久没有联系”。演讲之前，应该先做一下自我介绍。演讲稿的最后不需要日期和姓名。

2

> 各位同学：
>
> 大家好！我是王小川。今天我想和大家谈谈传统节日。我的奶奶很重视庆祝传统节日，一到春节，就叫我们提前一周打扫房子，还不能请佣人帮忙，理由是要自己打扫才有诚意，累得我叫天天不应，叫地地不灵。奶奶说，年轻人从小就要接受传统文化的熏陶，要重视亲情。和大多数年轻人一样，我也非常不喜欢庆祝传统节日。实在太麻烦了！……

点评

演讲的对象是“全校师生”，因此称呼应该是“各位老师、各位同学”，而语气也应该是正式的，不应该像和朋友聊天儿一样。内容上，文章花了太多笔墨写奶奶对传统节日的看法，应该集中去分享自己的看法。写作的重点是呼吁全校师生“重视庆祝传统节日”，可是文章却写自己“非常不喜欢庆祝传统节日”，严重偏题。

3

> 各位老师、各位同学：
>
> 大家好！我是高一（四）班的王小川。今天我想和大家谈谈庆祝传统节日的重要性。
>
> 中国传统节日多种多样，是我们中华民族悠久的历史文化的一个组成部分。从这些流传至今的节日风俗里，还可以清晰地看到古代人民社会生活的精彩画面。
>
> 中国十大传统节日包括除夕、春节、元宵节、寒食节、清明节、端午节、七夕节、中秋节、重阳节、腊八节。……

点评

这篇作文虽然语气是正式的，但是离题千里。只介绍了什么是传统节日，却没有抓住题目要求的三个重点。另外，写作对象是“全校师生”，但文章里一点儿都没有跟听众互动，也没有呼吁、号召大家重视庆祝传统节日。

2.6.4 常用表达

✏ 称呼

❶ 各位来宾

❷ 尊敬的校长、老师，各位同学

✏ 开头

❶ 大家好！我是……，我演讲的题目是……

❷ 大家好！很荣幸今天在这里和大家分享……。我演讲的题目是……

❸ 非常感谢大家抽空儿来听我的演讲。我今天演讲的主题是……

❹ 感谢大家给我这个机会在这里做演讲……

❺ 很高兴能在这里和你们分享我的经验……

❻ 今天我想和大家谈谈……

❼ 很荣幸在这个特别的时刻来到这里和大家谈谈……

❽ 能在这里演讲，我感到很荣幸，言语很难表达我的感激之情。

✏ 正文

❶ 首先……，其次……，最后……

❷ 一方面……，另一方面……

❸ 第一……，第二……，第三……

✏ 结尾

❶ 总而言之

❷ 综上所述

❸ 让我们一起努力，把未来变得更加美好。

❹ 我真心希望大家能花一点儿时间来考虑一下……

❺ 因此，我呼吁在座的各位携起手来，大家一起……

2.6.5 作文练习

要求

SL：字数为 300-480，时间为 1h15m

HL：字数为 540-720，时间为 1h30m

1

<table>
<tr><td>主题</td><td colspan="3">身份认同</td></tr>
<tr><td rowspan="2">题目</td><td colspan="3">调查发现，现代人比以前更喜欢宅在家里，很少做运动。请从下列的文本类型中选择一个，向全校师生分享你的看法，呼吁大家多做运动。</td></tr>
<tr><td>辩论稿</td><td>电子邮件</td><td>演讲稿</td></tr>
<tr><td>作文提纲</td><td colspan="3"></td></tr>
</table>

2

主题	体验		
题目	很多同学觉得作为学生读书是最重要的，做义工是浪费时间。请从下列的文本类型中选择一个，来向全校的同学分享你对这件事的看法，并呼吁大家多做义工。		
	博客	日记	演讲稿
作文提纲			

3

主题	人类发明创造		
题目	很多年轻人喜欢电影明星、歌星，花费很多的时间和金钱在追星上。请从下列的文本类型中选择一个，向全校师生分享你的看法，并呼吁大家理性追星。		
	新闻报道	演讲稿	博客
作文提纲			

4

主题	社会组织
题目	你在学校常看到有同学不遵守学校的规章制度，在图书馆大声说话、破坏公物，还有上课迟到、早退等现象。请从下列的文本类型中选择一个，向全校同学分享你的看法，并呼吁大家遵守学校的规章制度。 宣传册 | 演讲稿 | 电子邮件
作文提纲	

5

主题	共享地球
题目	近年来，环境污染问题越来越严重。空气、河流、土壤，无一例外都受到了污染。请从下列的文本类型中选择一个，向小区的居民宣传保护环境的重要性，并呼吁大家从小事做起，一起为环保尽一份力。 演讲稿 | 博客 | 电子邮件
作文提纲	

2.7 辩论稿

辩论稿是在辩论中阐述代表方观点的文体。

2.7.1 格式模板

尊敬的主席、评委、对方辩友，各位老师、同学：

□□ 开头：问候语 + 自我介绍 + 表明立场

□□ 正文：有条理地论证论点

□□ 结尾：总结观点 + 重申论点 + 表达感谢

注意

① 称谓后要用“：”。

② 正文每段空两格。

③ 无需祝福语和日期。

2.7.2 写作指导

❶ 称谓按照身份的尊卑排列顺序，如“尊敬的主席、评委、对方辩友，各位老师、同学”。

❷ 辩论时只着重在一方的立场，不可两方的立场都陈述。立意要分明，不要自相矛盾。

❸ 辩论的题目通常和社会课题相关，因此在分析原因、提出建议时，应主要从家庭、学校、社会、政府等方面进行探讨。

❹ 辩论时可以用设问自问自答，也可以通过反问、排比等增强语气。

❺ 论证手法有举例论证、引用论证、比喻论证、对比论证。举例论证：举名人或事实作典型例子来论证，举例后要对例子做进一步说明。引用论证：引用名人说的话、典故、俗语来论证。比喻论证：用具体、生动、形象的事物打比方，证明抽象的道理。对比论证：用两种相反的观点或对立的事物进行论证，通过正反的对比，得出结论。

❻ 在辩论过程中，要有针对听众的论辩，要有和对方辩友的互动。

❼ 运用辩论的表述，如“我方的观点是……”“我方坚决认为……”。

❽ 最后记得“谢谢各位！”

❾ 语气是正式、半正式的。

思考与练习

写出辩论稿与演讲稿的相同点、不同点。

文体	辩论稿	演讲稿
相同点		
不同点		

提示

辩论稿主要是论述自己一方的观点，要有理有据，通常会用举例、对比、比喻论证等论证方法。辩论稿的结尾只是重申自己一方的观点。演讲稿重在抒发感情，写作时可以多用一些排比、夸张、举例等写作手法，打动、说服观众。演讲稿的结尾要有呼吁。

2.7.3 范文参考

越来越多的学生无时无刻不在使用手机，这既影响青少年的身体健康，也影响他们的学业。你们学校准备举办一场辩论会，听取大家对“禁止中学生在校园使用手机”的看法。请从下列的文本类型中选择一个，表明你方的立场，并论证你方的观点。

信	日记	辩论稿

分析

① 找出关键词：在题目的倒数第二句和最后一句，找出判断文本类型的关键词“辩论会”和“你方的立场”。

② 选出文本类型：信的对象是亲友、师长。日记的对象是自己。辩论稿的对象是对方辩友。因为是向学校说明立场，所以选择辩论稿。

③ 确定写作范围：确定文章的重点，为“禁止”与“在校园使用手机”。

思考与练习

想一想，你会怎么写这篇作文？写下你的作文提纲。

范文点评

尊敬的主席、评委、对方辩友：

大家好！我是来自高一（四）班的孙小文。今天辩论的主题是“禁止中学生在校园使用手机”。作为反方，我方不同意这个观点，以下是我方的理由。

点明辩题之后表明立场。

首先，使用手机是每个人的基本权利。手机是个人的私有财产，每个人对自己的财产都有使用的权利。即使是在校园里，只要不是在上课和考试期间，我们就应该尊重学生使用手机的权利。学校不可以限制学生下课后在校园使用手机。

用“首先”“其次”“最后”陈述观点，分段论证，层层递进，紧扣立场。

其次，使用手机也可以帮助学生学习。学生在课上遇到不会的问题，可以直接上网查找。例如，中文不好的学生，可以随时随地用手机查词语的意思，还能听正确的读音。调查显示，80%的学生利用手机翻译软件学习语言。对方辩友，难道你们能否认这个事实吗？因此，我方认为，手机方便了我们的学习生活，是学习的好帮手。

举例论证。

使用调查数据论证。

进行反问，加强语气，突出现场感。

最后，手机还能丰富我们的校园生活。我们可以通过手机和朋友联系。大家在下课时间，用手机聊聊天儿、说说在各自学校发生的有趣的事，既能增长见闻，又有助于缓解压力。没有手机，我们中学生的学习生活该多无聊呀！另外，遇到紧急的事情，也能使用手机马上联系家长和老师。前不久发生学生在校园失踪的案件，也是通过手机定位才成功解决的。**我们为什么要限制手机在校园的使用呢？**

与对方辩友进行互动，呼应主题，符合辩论稿的语气和现场感。

综合以上论点，我方再次强调“不应该禁止中学生在校园使用手机”。

总结观点，再次重申立场。

谢谢各位！

案例分析

1

尊敬的主席、评委、对方辩友：

大家好！我是来自高一（四）班的孙小文。今天辩论的主题是“禁止中学生在校园使用手机”。作为正方，我方同意这个观点，以下是我方的理由。

首先，中学生使用手机是普遍现象。他们会没日没夜地打游戏，整天宅在家里，什么也不做，就是上网、看手机、玩游戏。这样下去，不但影响身体健康，也荒废学业。所以应该禁止。……

点评

题目要求辩论的话题是“禁止中学生在校园使用手机”，禁止使用手机的地点是“校园”，文章里却是讨论在家里使用手机，因此离题了。

2

> 尊敬的主席、评委、对方辩友：
>
> 大家好！我是来自高一（四）班的孙小文。今天辩论的主题是“禁止中学生在校园使用手机”。作为正方，我方同意这个观点。
>
> 首先，禁止使用手机有利也有弊。禁止中学生在校园内使用手机确实限制和减少了手机对一部分中学生的不利影响，但这种“一刀切”的做法也影响了不少学生正确和正当地使用手机，如跟家人朋友联系、上网查资料等。但是如果严重影响学习，弊大于利，就应该限制中学生对手机的使用。……

点评

文章立场模糊，一会儿赞同，一会儿反对。应该集中在一个立场。

3

> 尊敬的校长：
>
> 您好！听说学校最近要禁止中学生在校园使用手机，我提出反对意见……

点评

辩论稿的写作对象是“对方辩友、老师、各位同学”，而不是“尊敬的校长”。也不应用“您好”，而要用“大家好”。每个段落要空两格，不可顶格写。辩论开始时应先进行自我介绍。因为辩题是确定的，所以不能用“听说”。另外，辩论是代表一方的观点，不是自己一个人的观点，应该说“我方”，而不应用“我”。

2.7.4 常用表达

✏ 开头

❶ 大家好，今天的辩题是“……”。我方同意这个观点，以下是我方的理由。

❷ 大家好！我是正方的……。我方的观点是……

✏ 正文

❶ 首先……，其次……，此外……，最后……

❷ 一方面……，另一方面……

❸ 第一……，第二……，第三……

✏ 结尾

❶ 总而言之，……。我方认为……。谢谢各位！

❷ 综合以上的论点，我仅代表我方再次强调……。谢谢各位！

❸ 综上所述，……。因此，我方认为……。谢谢各位！

❹ 总之，……。所以，我方坚持认为……。谢谢大家！

✏ 辩论的专用表达

❶ 辩题

❷ 我方

❸ 对方辩友

❹ 进一步阐述

❺ 由此可见

❻ 足以证明

✏ 修辞手法

修辞手法	例子
设问	什么是传统文化？传统文化是民族文明、风俗、精神的总称。
反问	❶ 难道你们不知道此事的严重性吗? ❷ 这么做岂不是…… ❸ 怎么可以否认……

✏ 论证手法

<table>
<tr><th>论证手法</th><th colspan="2">例子</th></tr>
<tr><td>举例论证</td><td colspan="2">历史上有很多成功人士命运却非常艰辛、曲折。双耳失聪的贝多芬写出了闻名世界的《第九交响曲》，失去亲人、朋友的梵高创作了名画《向日葵》。如此看来，人生的曲折也可以创造出不同的美。</td></tr>
<tr><td rowspan="3">引用论证</td><td>名人名言</td><td>❶ 机会不会上门来找人，只有人去找机会。（狄更斯）
❷ 三人行，必有我师焉。（孔子）
❸ 一日之师，终身为父。（关汉卿）
❹ 生命的意义在于付出，在于给予，而不是在于接受，也不是在于争取。（巴金）
❺ 人只有献身于社会，才能找出那实际上是短暂而有风险的生命的意义。（爱因斯坦）
❻ 成功 = 艰苦的劳动 + 正确的方法 + 少说空话（爱因斯坦）</td></tr>
<tr><td>典故</td><td>塞翁失马、亡羊补牢、孔融让梨、三顾茅庐</td></tr>
<tr><td>俗语</td><td>❶ 俗话说：“不听老人言，吃亏在眼前”。我真后悔当初没有听妈妈的话。
❷ 古人说：“经一事，长一智”。经过这次的教训，我再也不敢偷懒了。
❸ 俗话说：“天网恢恢，疏而不漏”。我相信做坏事的人一定会被绳之以法的。</td></tr>
</table>

论证手法	例子
比喻论证	❶ 如果说人与人之间的沟通是桥，那么诚信便是那坚固的桥墩。 ❷ 压力是意志的磨刀石，是进取的推动力，生活中还是多一点儿压力好。俗话说："井无压力不喷油，人无压力轻飘飘"。
对比论证	每个人都有自己的生活方式。花天酒地是生活方式，无私奉献也是生活方式；无所事事是生活方式，自强不息也是生活方式。而只有积极的、高尚的生活方式，才令人敬佩、值得效仿。

2.7.5 作文练习

要求

SL：字数为 300–480，时间为 1h15m

HL：字数为 540–720，时间为 1h30m

1

<table>
<tr><td>主题</td><td colspan="3">身份认同</td></tr>
<tr><td rowspan="2">题目</td><td colspan="3">你的学校要组织一场辩论会，主题是"有志者事未必成"。请从下列的文本类型中选择一个，来表明你方的立场和观点。</td></tr>
<tr><td>宣传册</td><td>辩论稿</td><td>日记</td></tr>
<tr><td>作文提纲</td><td colspan="3"></td></tr>
</table>

2

主题	体验		
题目	你的学校要组织一场辩论会，主题是“结果比过程更重要”。请从下列的文本类型中选择一个，来表明你方的立场和观点。		
	日记	信	辩论稿
作文提纲			

3

主题	人类发明创造		
题目	随着互联网的发展，越来越多的学生沉迷网络游戏而不能自拔，因此学校决定在校园限制学生使用网络。请从下列的文本类型中选择一个，就“学校该不该限制学生使用网络”来表明你方的立场和看法。		
	辩论稿	日记	电子邮件
作文提纲			

4

<table>
<tr><td>主题</td><td colspan="3">社会组织</td></tr>
<tr><td rowspan="2">题目</td><td colspan="3">你所在的学校打算请机器人当中文教师，校长邀请大家就“机器人能否当中文老师”的题目进行辩论。请从下列的文本类型中选择一个，来阐述你方的立场和观点。</td></tr>
<tr><td>演讲稿</td><td>新闻报道</td><td>辩论稿</td></tr>
<tr><td>作文提纲</td><td colspan="3"></td></tr>
</table>

5

<table>
<tr><td>主题</td><td colspan="3">共享地球</td></tr>
<tr><td rowspan="2">题目</td><td colspan="3">你的学校要组织一场辩论会，主题是“全球化的利与弊”。请从下列的文本类型中选择一个，来表明你方的立场和观点。</td></tr>
<tr><td>新闻报道</td><td>辩论稿</td><td>说明书</td></tr>
<tr><td>作文提纲</td><td colspan="3"></td></tr>
</table>

2.8 访谈（对话性采访稿）

访谈（对话性采访）是以一问一答的形式进行的采访。

2.8.1 格式模板

标题

——访问 XX

□□ 开头：访谈的时间、地点、人物、目的

问答：

记：自我介绍 + 问题 1

X：回答 1

记：问题 2

X：回答 2

记：问题 3

X：回答 3

结尾：

记：感谢 + 总结 + 希望

注意

① 要有标题，说明访谈的主题。

② 要有副标题，说明访谈的对象。访谈对象用姓名加职位，如“林晓松校长”。

③ 开头空两格，问答和结尾顶格写。

2.8.2 写作指导

❶ 对话性采访稿要包含三个部分：开头、问答、结尾。

❷ 开头要欢迎受访者，说明时间、地点、采访人、受访人，以及为什么有这个访谈。

❸ 问答部分一问一答，至少包含三个问题。所提出的问题要紧紧围绕访谈的主题，层层递进。第一个问题可以问“为什么”，如“为什么举办这个讲座”。第二个问题可以问“什么”“怎么”“怎么样”，如“采取了什么措施”“怎么解决这个问题”。第三个问题可以请受访者给大家一些建议。

❹ 结尾要感谢受访者，总结访谈内容并提出希望。

❺ 语气是正式、半正式的。

2.8.3 范文参考

IBDP 考试快到了，很多学生没日没夜地读书，压力很大，健康也受到影响。作为学生会的记者，请从下列的文本类型中选择一个，向你们学校的校长咨询应该如何应对考试压力、有哪些备考注意事项等。

日记	访谈	辩论稿

分析

① 找出关键词：在题目的最后一句，找出判断文本类型的关键词"咨询""如何应对考试压力"和"有哪些备考注意事项"。

② 选出文本类型：日记的对象是自己。辩论稿的对象是对方辩友。访谈（对话性采访稿）的对象是采访对象。因为题目是向校长咨询，所以选择访谈。

③ 确定写作范围：确定文章的重点，为"如何应对考试压力"与"备考注意事项"。

思考与练习

想一想，你会怎么写这篇作文？写下你的作文提纲。

范文点评

如何准备国际文凭考试

——访问林晓松校长

随着国际文凭大学预科项目考试的临近，学生的考试压力越来越大，如何更好地应对考试呢？今天，我们很高兴地邀请了校长林晓松先生（以下简称“林”）到学生会来接受我们的采访。现在我们请林校长和大家谈谈如何应对考试压力。

> 开头介绍访谈背景，用问句的形式引出访谈目的。

> 点明访谈的时间、地点、受访者身份。

记：林校长您好，我是学生会的记者，谢谢您在百忙之中抽空儿接受我的采访。最近，IBDP 考试临近，同学们为了准备考试忙得焦头烂额。压力给大家的学习和生活造成了很大的影响。作为校长，您能和我们谈谈如何应对考试压力吗？

> 提出第一个问题，呼应题目要求。

林：我认为考试之前适当的压力是有助于学生集中精神参加考试的。作为学生，应当学会管理自己的课余时间，让学习更有效率，这有助于减缓考试压力，不让压力太大。

记：您刚才提到学生应该有效管理时间，但大部分学生的问题是学习时间完全不够，要牺牲休息的时间来读书。您认为应该如何做到学习和身心健康两者之间的平衡呢？

> 回应受访者的回答，引出第二个问题。

林：首先，学生平时应该经常温习功课、做好准备，这样考试之前就不必临时抱佛脚，通宵达旦地复习了。另外，大家要明白，不是每时每刻都用来读书，就能读好书了。考试期间，更要注意保持学习和身心健康的平衡。抽空儿做一些轻松的户外运动可以让自己的脑筋更灵活，不但能提高学习效率，还能减轻学习压力。

记：是的，保持身心健康确实很重要。您还有哪些备考注意事项要告诉我们吗？

总结第二个问题，引出第三个问题，呼应题目要求。

林：除了运动，还要注意饮食和休息。考试前有些学生因为压力大，会暴饮暴食，这对身体很不好。此外，还要多休息，只有精力充沛，才能更好地面对考试。

记：非常感谢林校长和我们分享如何应对考试压力以及准备考试时要注意的问题。希望这次的采访能对正在准备考试的学生们有所帮助！

结尾感谢访谈对象，总结主题。

提出希望。

案例分析

1

> 亲爱的记者：您好！最近学生快要考试了，大家压力很大，您能跟我们的学生谈谈如何应对考试吗？
>
> 尊敬的校长：你好！学生有一定的压力是好的，如果正确面对压力，对学习有帮助。……

点评

访谈稿要有标题和副标题。第一段应该先介绍采访背景、采访对象、采访的时间和地点、采访主题。采访人和受访人应用简称，不需要用"亲爱的""尊敬的"。

2

> 如何准备国际文凭考试
>
> ——访问林晓松校长
>
> 国际文凭大学预科项目考试快到了，学生的考试压力非常大。今天，我们很高兴能邀请到校长林晓松先生（以下简称"林"）到学生会来接受采访。现在我们请林校长和我们谈谈如何应对考试压力。
>
> 记：林校长，您好！感谢您接受我的参访，您最近在忙什么呢？
>
> 林：最近主要在忙一些学校的事务。
>
> 记：那您以前参加考试的经历和现在有什么不同吗？……

点评

访谈稿问三个左右的问题就够了，直接进入主题，不要问和主题无关的问题。

3

> 如何准备国际文凭考试
>
> ——访问林晓松校长
>
> 随着国际文凭大学预科项目考试的临近，学生的考试压力越来越大。今天，我们很高兴能邀请到校长林晓松先生(以下简称“林”)到学生会来接受我们的采访。现在请林校长谈谈如何应对考试压力。
>
> 记：林校长您好！调查显示，我们学校91%学生存在压力。其中24%的人感到压力巨大，5%的学生觉得压力难以承受。到压力对学习的影响，14.6%的学生认为压力甚至还影响了人际关系、家庭生活等。林校长，您能和我们说说……

点评

文章里用了大量文字写调查数据，而这跟写作主题没有很大的关系。写作要抓住重点，应该直接进入主题，如“考试临近，学生们的学习压力越来越大，您能跟我们谈谈如何应对考试压力吗？”

2.8.4 常用表达

✏ 开头

❶ 最近……越来越……，我们很高兴邀请到……(以下简称“……”)来演播室接受我们的采访，和我们讲讲……

❷ 今天，我们在采访厅，通过网络连线，对……进行采访。请他来谈谈……

✏ 问答

❶ 你为什么……呢？

❷ 你在……时遇到了哪些困难?

❸ 这一规定实行后效果怎么样?

❹ 你对……有什么建议吗?

✏ 结尾

❶ 感谢……和我们分享……的经历，也很感谢他宝贵的建议。希望这次的采访能让大家对……有更深的认识，也希望……的建议对你们有帮助。

❷ 非常感谢……来和我们介绍……。希望这次的采访能消除大家的疑虑，对……有帮助。

2.8.5 作文练习

要求

SL：字数为 300–480，时间为 1h15m

HL：字数为 540–720，时间为 1h30m

1

<table>
<tr><td>主题</td><td>身份认同</td></tr>
<tr><td>题目</td><td>脸书创始人扎克伯格每天穿一样的衣服。你是《生活报》的记者，很想知道他这么做的原因。请从下列的文本类型中选择一个，来采访扎克伯格。
宣传册 ｜ 辩论稿 ｜ 访谈</td></tr>
<tr><td>作文提纲</td><td></td></tr>
</table>

2

<table>
<tr><td>主题</td><td>体验</td></tr>
<tr><td>题目</td><td>从新学期开始，校长禁止学校的餐厅售卖快餐，连可乐、雪碧等含糖较高的饮料都不允许在学校售卖。你是学生会的记者，请从下列的文本类型中选择一个，采访校长采取这些措施的目的、效果等。
访谈 ｜ 信 ｜ 个人陈述</td></tr>
<tr><td>作文提纲</td><td></td></tr>
</table>

3

<table>
<tr><td>主题</td><td>人类发明创造</td></tr>
<tr><td>题目</td><td>你们学校将开设艺术课程，要求每个学生选择一门艺术课作为课外活动。请从下列的文本类型中选择一个，向校长咨询开设艺术课的目的以及如何选择艺术课程等等。
辩论稿 ｜ 日记 ｜ 访谈</td></tr>
<tr><td>作文提纲</td><td></td></tr>
</table>

4

主题	社会组织
题目	你的朋友参加了无人驾驶汽车体验活动。你很想知道她坐在无人驾驶汽车上的感受，以及对科技改变人类生活的看法等等。请从下列的文本类型中选择一个，来分享你的访谈。 演讲稿 | 新闻报道 | 访谈
作文提纲	

5

主题	共享地球
题目	近年来，气候变暖越来越严重，很多国家都在采取措施尽力减少碳排放量。你是《联合早报》的记者，请从下列的文本类型中选择一个，向你们国家的环境部长咨询在应对气候变暖方面，你们国家都采取了哪些措施、效果如何等。 口头报告 | 访谈 | 说明书
作文提纲	

2.9 访谈（总结性采访稿）

访谈（总结性采访稿）是简要总结采访内容或表达受访者个人观点、感受的文体。

2.9.1 格式模板

标题

——访问XX

□□开头：采访的时间、地点、人物、目的

□□正文：受访者的观点和感受

□□结尾：总结

注意

① 要有标题，说明访谈的主题。

② 要有副标题，说明访谈的对象。访谈对象用姓名加职位，如“林晓松校长”。

③ 正文每段空两格。

2.9.2 写作指导

❶ 总结性采访稿用记者报道的形式，可以吸引读者阅读。

❷ 总结性采访稿要包含三个部分：开头、采访内容、结尾。

❸ 开头说明为什么有这个采访，简要概括时间、地点、采访人、受访人。

❹ 采访内容以总结的方式写出。

❺ 结尾对采访内容做总结。

❻ 语气是正式、半正式的。

2.9.3 范文参考

IBDP 考试快到了，很多学生没日没夜地读书，压力很大，健康也受到影响。作为学生会的记者，请从下列的文本类型中选择一个，向你们学校的校长咨询应该如何应对考试压力、有哪些备考注意事项等，并总结这次对话。

日记	访谈	辩论稿

分析

① 找出关键词：在题目的最后一句，找出判断文本类型的关键词"如何应对考试压力""有哪些备考注意事项"和"总结这次对话"。

② 选出文本类型：日记的对象是自己。辩论稿的对象是对方辩友。访谈（总结性采访稿）的对象是读者。因为题目是向校长咨询并总结，所以选择访谈。

③ 确定写作范围：确定文章的重点，为"如何应对考试压力"与"备考注意事项"。

思考与练习

想一想，你会怎么写这篇作文？写下你的作文提纲。

范文点评

如何准备国际文凭考试

——访问林晓松校长

随着国际文凭大学预科项目考试的临近，学生的考试压力越来越大，如何更好地应对考试呢？今天，我们有幸在学生会对我们的校长林晓松先生进行采访。

开头介绍访谈背景，用问句的形式引出访谈目的。

简要概括访谈的时间、地点、受访者身份。

林校长对于最近同学们因为IBDP考试临近而感到压力很大表示理解，同时，他认为适当的压力是有助于同学们集中精神参加考试的。关于压力大时如何应对，林校长建议同学们学会管理自己的课余时间，让学习更有效率。

使用“表示”“认为”“建议”说明受访者对于应对考试压力的看法，呼应题目要求。

在谈到很多学生因为学习时间不够，只能通过牺牲休息时间来读书时，林校长指出这是本末倒置的做法，会对身体健康造成伤害。他建议同学们平时经常温习功课，这样考试之前就不必临时抱佛脚、通宵达旦地复习了。他还提醒大家：不是每时每刻都用来读书，就能读好书了。抽空儿做一些轻松的户外运动可以让自己的脑筋更灵活，不但能提高学习效率，还能减轻学习压力。

使用“指出”“建议”“提醒”说明受访者关于备考的建议，呼应题目要求。

最后，林校长强调，考试期间保持学习和身心健康的平衡是非常重要的。同学们要有良好的心态，正确看待考试。采访结束时，林校长祝福各位同学在IBDP考试中取得优异的成绩。

以受访者的期待结尾。

案例分析

1

> 今天，我们很高兴能邀请到我们的校长林晓松先生（以下简称“林”）接受我们的采访。感谢林校长在百忙之中抽空接受我们的采访。林校长今年刚到我们的学校，可能对 IB 系统不是很熟悉，但是没有关系，我们先来介绍一下什么是 IB。我们先介绍一下 IB 的背景资料。国际文凭项目（简称 IB），产生于 20 世纪 60 年代，其产生是为了……

点评

总结性采访稿要有标题和副标题。总结性采访稿不需要用简称指代采访对象。第一段应该先介绍采访的背景、时间和地点，之后介绍采访的主题。不应该把字数浪费在其他地方，这使读者不知道采访的目的是什么，也会导致其他方面的信息无法充分展开，在讯息方面丢分。

2

> 如何准备国际文凭考试
>
> ——访问林晓松校长
>
> ……
>
> 非常感谢林校长在百忙之中接受我们的采访。林校长的工作这么繁忙，还能抽出时间特别关注我们学生的学习压力、健康问题，我十分感动，感到很幸运能作为这个学校的学生。我们保证，在来的 IBDP 考试，大家一定会努力取得优秀的成绩，来报答校长的关心。

点评

总结性采访稿主要总结受访者采取了哪些行动，有什么看法、感受、建议，而不是记者大量表达自己的感想。最后一段应该对采访做总结，再一次强调受访者的观点、期待等。

2.9.4 常用表达

✏ 开头

❶ 今年我校的颜小达同学在 IBDP 考试中取得满分并获得总统奖学金。今天，我们有幸在学生会对他进行采访。

❷ 今天，歌星……在……为贫困儿童筹款。表演结束后，我们有幸在舞台上对他进行了采访。

✏ 正文

❶ 对于自己的成功，……认为……

❷ ……对弱势群体有不同的看法。在……看来，……

❸ ……对于贫困儿童一直很关心。……建议……

✏ 结尾

❶ 最后，……鼓励青少年要……

❷ 最后，……强调……

❸ 采访结束时，……祝福……

2.9.5 作文练习

要求

SL：字数为 300–480，时间为 1h15m

HL：字数为 540–720，时间为 1h30m

1

<table>
<tr><td>主题</td><td>身份认同</td></tr>
<tr><td>题目</td><td>你的同学去中国参加夏令营。你是学校杂志的记者，很想知道他在夏令营的学习经历以及哪些事令他最难忘。请从下列的文本类型中选择一个，来向他咨询。
宣传册 | 辩论稿 | 访谈</td></tr>
<tr><td>作文提纲</td><td></td></tr>
</table>

2

<table>
<tr><td>主题</td><td>体验</td></tr>
<tr><td>题目</td><td>你们学校有一位外国来的新学生。你很想知道这位新同学到你们学校后是如何融入新的校园生活的，又遇到了哪些困难。请从下列的文本类型中选择一个来分享你们的访谈。
访谈 | 信 | 辩论稿</td></tr>
<tr><td>作文提纲</td><td></td></tr>
</table>

3

主题	人类发明创造
题目	海底捞火锅店最近宣布开始使用机器人作为服务员，很多人都亲身体验了机器人的服务。你是《早报》的记者。请从下列的文本类型中选择一个，向海底捞火锅店经理询问使用机器人服务员的目的、意义等。 辩论稿 / 日记 / 访谈
作文提纲	

4

主题	社会组织
题目	关于同性恋是否可以结婚在不同的国家有不同的法律规定。你是校报的记者。请从下列的文本类型中选择一个，来采访你们学校的校长，询问他 / 她对同性恋婚姻的看法。 论文 / 访谈 / 说明书
作文提纲	

5

主题	共享地球		
题目	你们学校推出规定，禁止学生在学校使用一次性餐具。请从下列的文本类型中选择一个，来访问校长，询问实行这一规定的目的、意义等。		
	新闻报道	访谈	说明书
作文提纲			

2.10 新闻报道

新闻报道是对最新发生的事件进行的报道。

2.10.1 格式模板

标题

X 年 X 月 X 日　　XX 报道

□□ 导语：新闻事件的时间、地点、人物等

□□ 新闻内容：新闻事件的经过 + 受访者的看法

□□ 结语：总结

注意

① 要有标题、日期，并说明报道人是谁。

② 日期和报道人要靠左顶格写。

③ 正文每段空两格。

2.10.2 写作指导

❶ 标题要能概括主要内容，应简要、突出、吸引人。

❷ 要用第三人称写，新闻报道中不可以用第一人称。

❸ 可以采用 5 个 W 、1 个 H 的形式来记叙，说明事件发生的经过。

❹ 突出新闻事件的真实性。可以引用大众的观点、数字资料等，使报道更具真实性。

❺ 结语的总结要简洁有力，可以强调意义与影响，也可以预告下次活动。

❻ 新闻内容应该客观、公正，不能以个人的喜好来报道。

❼ 写作手法尽量平铺直叙，不用比喻或其他抽象概念。

❽ 语气是正式的，语言要准确、客观、简练。

2.10.3 范文参考

一年一度的中秋节到了，你们学校举办了庆祝中秋节的活动。你是校报的记者，请从下列的文本类型中选择一个，向同学们报道这次活动的经过以及同学们对这次活动的看法。

新闻报道	访谈	辩论稿

分析

① 找出关键词：在题目的最后一句，找出判断文本类型的关键词“报道这次活动的经过”和“同学们对这次活动的看法”。

② 选出文本类型：访谈的对象是采访对象或读者。辩论稿的对象是对方辩友。新闻报道是写给读者的。因为题目要求“向同学们报道”，应选择新闻报道。

③ 确定写作范围：确定文章的重点，为“向同学们”“活动的经过”与“同学们对这次活动的看法”。

思考与练习

想一想，你会怎么写这篇作文？写下你的作文提纲。

范文点评

庆祝中秋佳节

标题突出主题。

2020 年 9 月 15 日　　颜小宏报道

今天，台湾世新学院在礼堂举办了一年一度的庆祝中秋佳节的活动。这次活动不仅成功吸引了五百多位老师和学生，还邀请了来自世界不同地方的中学生来一起庆祝传统的中秋佳节。

交代这次活动的时间、地点、人物等。

今年活动的主题是"迎新生，庆中秋"。当天晚上，庆祝活动在新生演唱的《月亮代表我的心》的歌声中开始。此次活动节目丰富多彩，除了中国传统舞蹈表演之外，还有古筝、二胡等传统乐器演奏。让远道而来的外国学生体验了具有中华民族特色的传统节日。

用时间名词报道活动，具有新闻性特点。

具体报道这次活动。

来自英国的学生安吉拉最喜欢中秋节展览部分。展览让她了解了中秋节的来历，她还品尝了月饼和中国茶。她认为这样的体验与众不同。刚入学的新生王小丽在受访时表示"提灯笼寻宝的游戏环节令人难忘"。大家通过传统的提灯笼游戏认识了新朋友，这对融入新校园也有很大的帮助。

引用学生的原话，使新闻报道更加具有真实性。

这次的"迎新生，庆中秋"活动受到大家的一致好评。大家不仅学习了中华传统文化，也度过了一段美好的时光。每个人都期待着明年中秋节再聚！

总结新闻事件，强调活动的意义。

案例分析

1

我的中秋节

颜小宏报道

2020 年 9 月 15 日，我们学校在礼堂举办了一年一度的庆祝中秋佳节的活动。这次活动真是办得太好了，我特别喜欢，因为它和以前很不一样。……

点评

因为写作的对象是同学们，所以不能以“我”为中心，标题不能写“我的中秋节”。日期要放在“颜小宏报道”的前面，突出新闻的时效性。不能以个人的喜好来报道，不要出现“我特别喜欢”这类与个人情感相关的词语。另外，新闻报道的每个段落之前要空两格。

2

庆祝中秋佳节

2022 年 9 月 15 日　台湾义守学校报道

　　台湾义守学校将于 2022 年 9 月 15 日在礼堂举办一年一度的庆祝中秋佳节活动。这个活动将邀请来自全世界不同国家的中学生参加这个庆祝活动。我为此采访了校长，请他谈谈我们学校庆祝中秋佳节的具体安排。……

点评

首先，报道者应该是一个人，不可以是学校。此外，这是新闻报道，不是访谈，文章中这两个格式混在一起了。题目是让报道庆祝活动的经过，说明事情已经发生了。文章却用了将来时，去询问活动的安排，严重离题了。

3

> 庆祝中秋佳节
>
> 2020 年 9 月 15 日　颜小宏报道
>
> 台湾世新学院于 2020 年 9 月 15 日在礼堂举办了一年一度的庆祝中秋佳节活动。这个活动邀请到了来自 50 个不同国家和地区的中学生。听说活动还邀请了著名的歌手到现场演唱《月亮代表我的心》。
>
> 庆祝活动进行得很顺利。老师们对这次的活动都感到很满意，觉得活动比去年场面更热闹。校长也发表感言，感谢大家对活动的支持。……

点评

新闻报道要突出其真实性和现场感，不可以用“听说”来的材料。另外，题目要求写的是同学们的看法，不是老师和校长的感言。要注意审题。

2.10.4　常用表达

✏ 导语

❶ 今天是……日，……在……举办……活动。

❷ ……月……日至……月……日，……将在……举行……活动。

❸ ……月……日，……发生了……。到目前为止，已经有……

❹ ……年……月……日……时在……地区发生了……事件。这件事……

✏ 新闻内容

❶ 经过精心的准备，运动会在……月……日正式召开。经过激烈的比赛，运动会于……月……日在学校的操场上落下帷幕。

❷ 活动的主题是……

❸ ……认为这次活动……

❹ ……接受本报记者采访时表示……

❺ ……昨日向记者透露，这次活动……

✏ 结语

❶ 虽然……活动已经结束了，大家对……的兴致并没有减少……

❷ 友谊第一，比赛第二。这次运动会……

❸ 俗话说得好，一个好汉三个帮，众人拾柴火焰高。大家要一起努力，为……而努力奋斗。

2.10.5 作文练习

要求

SL：字数为 300–480，时间为 1h15m

HL：字数为 540–720，时间为 1h30m

1

<table>
<tr><td>主题</td><td colspan="3">身份认同</td></tr>
<tr><td>题目</td><td colspan="3">最近你居住的小区涂鸦现象很严重。请从下列的文本类型中选择一个，来报道这个事件的经过并分享当地居民的看法。
<table><tr><td>新闻报道</td><td>辩论稿</td><td>演讲稿</td></tr></table></td></tr>
<tr><td>作文提纲</td><td colspan="3"></td></tr>
</table>

2

<table>
<tr><td>主题</td><td colspan="3">体验</td></tr>
<tr><td>题目</td><td colspan="3">一个著名的歌手到你们学校开演唱会，将把所得门票收入捐给经济有困难的学生。请从下列的文本类型中选择一个，报道这个事件并分享同学们对这件事的看法。
<table><tr><td>公函</td><td>新闻报道</td><td>辩论稿</td></tr></table></td></tr>
<tr><td>作文提纲</td><td colspan="3"></td></tr>
</table>

3

<table>
<tr><td>主题</td><td>人类发明创造</td></tr>
<tr><td>题目</td><td>你的学校要实行“无现金学校”实验活动，要求学生在活动期间不能在学校使用现金买东西。你是学生会的记者，请从下列的文本类型中选择一个，报道这次活动并分享同学们对这个活动的看法。<table><tr><td>辩论稿</td><td>新闻报道</td><td>访谈</td></tr></table></td></tr>
<tr><td>作文提纲</td><td></td></tr>
</table>

4

<table>
<tr><td>主题</td><td>社会组织</td></tr>
<tr><td>题目</td><td>由于无人驾驶汽车的推广，很多的士司机丢掉了工作。他们在公园集会，反对无人驾驶汽车。你是《早报》的记者，请从下列的文本类型中选择一个，报道这个事件，并分享的士司机对人工智能的看法。<table><tr><td>演讲稿</td><td>新闻报道</td><td>访谈</td></tr></table></td></tr>
<tr><td>作文提纲</td><td></td></tr>
</table>

5

<table>
<tr><td>主题</td><td>共享地球</td></tr>
<tr><td>题目</td><td>全球变暖的现象越来越严重，学生会举办了一个活动，呼吁大家保护环境、缓解全球变暖现象。你是学生会的记者，请从下列的文本类型中选择一个，来报道这个活动并分享同学们对活动的看法。<table><tr><td>新闻报道</td><td>宣传册</td><td>说明书</td></tr></table></td></tr>
<tr><td>作文提纲</td><td></td></tr>
</table>

2.11 文章（报纸、杂志）

文章（报纸、杂志）是以书面形式对某个事件、事物、现象、地点、人物做出客观的介绍或表达自己的看法。

2.11.1 格式模板

标题

作者

□□开头：引出话题

□□正文：有条理地介绍要点或表达观点

□□结尾：总结要点或观点

注意

① 要有作者姓名，在标题下方右侧。

② 正文每段空两格。

2.11.2 写作指导

❶ 标题应简要、突出、吸引人。

❷ 要有恰当的开头，简单介绍文章的话题。

❸ 正文要准确、客观，可以列数字、举例子、作比较等。

❹ 最后要进行总结，还可以提出期待和呼吁。

❺ 语气是正式、半正式的。

2.11.3 范文参考

社区报纸新增加了一个名为“休闲生活”的栏目。请从下列的文本类型中选择一个，向社区报纸投稿，介绍休闲活动对老年人生活质量的重要性，谈谈如何提高老年人的生活质量。

日记	文章	辩论稿

分析

① 找出关键词：在题目的最后一句，找出判断文本类型的关键词“投稿”和“休闲活动对老年人生活质量的重要性”。

② 选出文本类型：日记是写给自己看，抒发自己情感的。辩论稿的对象是对方辩友。文章的对象是读者，介绍一个事物或一件事，所以应该选择文章。

③ 确定写作范围：确定文章的重点，为“休闲活动对老年人生活质量的重要性”与“提高老年人的生活质量”。

思考与练习

想一想，你会怎么写这篇作文？写下你的作文提纲。

范文点评

如何提高老年人生活质量

沈义

随着人口老龄化时代的到来，老年人的生活质量问题越来越受到人们的重视。那到底应该如何提高老年人的生活质量呢？

> 介绍事件的背景。

> 用设问的方式引出话题，引起读者注意。

首先，老年人要保持乐观的心态。老年人对生活要充满信心，不要因为孩子没有时间陪伴左右就觉得孤独寂寞，甚至觉得自己被抛弃了。老年人应该尽量转移自己的注意力，多开展一些休闲活动，寻找新的生活乐趣。

> 使用“首先”“其次”“最后”分段列出如何提高老年人生活质量。

其次，老年人要多参加一些社区举办的活动、讲座，把生活安排得充实些。老年人应当结合自己的兴趣爱好，学一些新技能，如练书法、学绘画、种花草、学烹饪等。这样既可舒展心灵，又能学习新知识，使生活更有意义。

举例子，使得建议更加具体、可操作。

最后，老年人要注意饮食健康，加强体育锻炼。一个人只有拥有健康的身体，才能有高质量的生活。老年人平时不但要多注意饮食营养搭配，还要选择适宜的休闲活动、运动项目，如散步、跳舞、打太极拳等。

总之，老年人应该保持良好的心态、多参加社区活动、多注意健康问题。只有这样，才能使自己心情舒畅、生活愉快、身体健康，才能提高生活的质量。

总结提高老年人生活质量的建议及重要性。

案例分析

1

> 亲爱的编辑：
> 您好！最近社区报纸新增加了一个名为“休闲生活”的栏目。我想向社区的报纸写一篇文章投稿，介绍休闲活动对提高老年人生活质量的重要性。……

点评

虽然是投稿，但直接进入主题即可，不需要用给编辑写信的方式。文中说明写信目的等等，都是不必要的。另外，每个段落开始时应该空两格。

2

老年人

沈义

老人退休以后，在家里没事干。大家相约一起打麻将、喝酒、也学年轻人玩玩电子游戏。我的儿子最近就因为我找邻居老人打麻将打了一整天而跟我吵架。

事情是这样的，周一到周五，我帮忙看孙子，但到了周末，我也需要休息。好不容易和大家聚在一起，打麻将是少不了的。你说我的儿子怎么不理解我的想法呢？……

点评

标题应该概括主题，“老年人”这个标题太宽，没有抓住重点。题目要求是给社区报纸投稿介绍如何提高老年人的生活质量，不是跟大家投诉自己家人之间发生的事情。另外，文章的语气不应该用拉家常的口吻。

3

如何提高老年人生活质量

沈义

我国目前老年人的年龄和收入成反比，即年龄越大收入越低，慢慢成为贫困阶层。收入的低下，成为直接影响他们生活质量的主因。

在调查中发现，思念不能时常来探望的儿女成了许多老年人的心病，与年轻人相比，老年人更加渴望亲情。尽管老年人的自理能力不强，但老人们大都不愿意请保姆，更想让子女能抽空多陪陪。……

点评

标题是“如何提高老年人生活质量”，但是作文却在分析老年人生活质量低的原因，严重离题。

2.11.4 常用表达

✏ 开头

❶ 到底应不应该接受……？一直以来大家对此都有不同的看法。我认为……，理由如下：……

❷ 对于最近发生的……，我认为……。我的观点如下：……

❸ 对于这个现象，到底应该如何处理呢？我认为……

✏ 正文

❶ 首先……，其次……，最后……

❷ 一方面……，另一方面……

❸ 第一……，第二……，第三……

✏ 结尾

❶ 综合以上的观点，我再次强调……

❷ 总而言之，……。我认为……

❸ 综上所述，……，因此我建议……

2.11.5 作文练习

要求

SL：字数为 300–480，时间为 1h15m

HL：字数为 540–720，时间为 1h30m

1

<table>
<tr><td>主题</td><td>身份认同</td></tr>
<tr><td>题目</td><td>随着考试的临近，青少年的学习压力越来越大。有些人通过看书、运动减压，也有一些青少年通过暴饮暴食、抽烟、喝酒等不健康的方式来减压。请从下列的文本类型中选择一个，向你们学校的校刊说明这些坏习惯对青少年健康的影响。
文章 ｜ 辩论稿 ｜ 访谈</td></tr>
<tr><td>作文提纲</td><td></td></tr>
</table>

2

<table>
<tr><td>主题</td><td>体验</td></tr>
<tr><td>题目</td><td>你到中国参加交换生计划。你发现在中国学生们要轮流值日，负责班级卫生，如擦黑板、打扫教室。亲自参加值日生工作后，你觉得你们学校也应该这样做。请从下列的文本类型中选择一个，向你们学校的校刊介绍你的体验，并呼吁学校尝试值日生的安排。
电子邮件 ｜ 新闻报道 ｜ 文章</td></tr>
<tr><td>作文提纲</td><td></td></tr>
</table>

3

主题	人类发明创造
题目	随着汉语热的增加，很多外国人使用谷歌翻译来学中文。请从下列的文本类型中选择一个，向你们学校的校刊说明你对这种现象的看法。 辩论稿 | 访谈 | 文章
作文提纲	

4

主题	社会组织
题目	你们学校的中文报纸举办征文比赛，题目是《我最尊敬的一个人》。请从下列的文本类型中选择一个，向学校的校刊投稿。 演讲稿 | 新闻报道 | 文章
作文提纲	

5

<table>
<tr><td>主题</td><td>共享地球</td></tr>
<tr><td>题目</td><td>塑料污染问题越来越受到人们的重视。请从下列的文本类型中选择一个，向你们学校的校刊说明塑料污染的严重性以及作为学生你们可以采取哪些措施。
<table><tr><td>新闻报道</td><td>博客</td><td>文章</td></tr></table></td></tr>
<tr><td>作文提纲</td><td></td></tr>
</table>

2.12 论文

论文即议论性文章，又称议论文，是对某个事件发表意见或主张的文体。

2.12.1 格式模板

标题

作者

□□ 开头：提出论点

□□ 正文：有条理地论证论点

□□ 结尾：重申论点

注意

① 要有作者姓名，在标题下方右侧。

② 正文每段空两格。

2.12.2 写作指导

❶ 标题要简要、突出、吸引人，可以用论点当标题。

❷ 开头提出论点，正文列出论证要点，结尾重申论点，即开头提出问题，正文分析问题，结尾解决问题。

❸ 论点要有明确的主张，只能站在一方的立场提出自己的看法。

❹ 论据必须是事实，而且能够支持论点。

❺ 论证要严密，常用的论证方法有举例论证、引用论证、对比论证、比喻论证。

❻ 语气必须是正式的。

❼ 写论文不是写自己的经历，不要把论文写成记叙文或散文。

思考与练习

写出论文与辩论稿的相同点、不同点。

文体	论文	辩论稿
相同点		
不同点		

提示

论文不需要互动。辩论稿是论述自己一方的观点，还要和对方有互动，如开头的称呼和结尾的"谢谢各位"。论文和辩论稿在论述观点时都要有理有据，都常用举例、对比、比喻等论证方法。

2.12.3 范文参考

你读了一篇文章，文章认为"坚持就是胜利"。请从下列的文本类型中选择一个，来说明你是否同意这篇文章的观点，表明你对这个问题的看法。

信	论文	辩论稿

分析

① 找出关键词：在题目的最后一句，找出判断文本类型的关键词"表明你对这个问题的看法"。

② 选出文本类型：信的对象是亲友、师长。辩论稿的对象是对方辩友。题目要求是表明对问题的看法，即支持或者反对，所以论文符合题意。

③ 确定写作范围：确定文章的重点，为"坚持就是胜利""是否同意"与"你对这个问题的看法"。

思考与练习

想一想，你会怎么写这篇作文？写下你的作文提纲。

范文点评

坚持就是胜利

江小丽

前不久看到一篇文章说“坚持就是胜利”，对此我非常赞同。人们都想取得成功，每个人都去尝试、都去努力，但只有一部分人可以取得胜利。这是为什么呢？

表明自己的立场，呼应题目要求。

首先，我们要分析人们失败的原因。为什么大家都去尝试，结局却不一样呢？我认为失败的人之所以没有成功，是因为缺少了一个胜利的必要条件——坚持。俗话说“功到自然成”。这里的“功”就是指坚持。

使用设问，自问自答，提出分论点一。

使用俗语，通俗易懂，容易说服读者。

著名的画家达·芬奇，虽然从小就显示出画画儿的天赋。但老师却要求他刚开始学画画儿的时候，每天画1000个蛋。经过长期的练习、实践，他终于创作出不朽的名画。著名的作家金庸平时很注意体验生活，不管刮风下雨，每天都坚持到街头巷尾去聆听、观察。后来他写下了《射雕英雄传》《笑傲江湖》等优秀的作品，在文学事业上取得巨大成功。做一件事，坚持一两天很容易，坚持几十天就不那么容易了。能够坚持几十年做一件事的人，最后都成为了伟大的人物。

列举外国、中国著名人物的例子，具有公信力。

总结分论点一，呼应主题。

其次，有了坚持不一定都会成功，关键是能不能坚持到底。有些人在最后时刻没能坚持住，

提出分论点二。

与成功失之交臂。

瑞典的一位化学家在海水中提取碘时，似乎发现了一种新元素。几次实验失败后，他退却了。而另一化学家却不畏惧困难，经过无数次实验，终于提取出了新的元素。他靠的是什么？不正是坚持到底的信念吗？两位化学家，一位没有坚持到底，放弃了；一位坚持到底，取得了胜利。可见，能否坚持到底是取得胜利的最后一次考验。很多失败者都是在最后时刻放弃努力，遗憾地错过了成功的机会。

对比论证，采用正反两个方面的事例，既具有典型性，又让人觉得真实可信。

总结分论点二，回应主题，结构严谨。

总之，胜利贵在坚持，想取得胜利就要坚持不懈地努力。失败乃成功之母，饱尝失败之后坚持下来，才能获得最后的胜利。所谓“不经历风雨，怎能见彩虹”，说的就是这个道理。

总结对这个问题的看法。

案例分析

1

> 尊敬的编辑：
>
> 您好！我最近看到一篇“坚持就是胜利”的文章，因此我大受鼓舞……

点评

格式错误。文章不需要用书信的格式，直接写明标题和作者姓名就好。

2

我赞同文章“坚持就是胜利”

江小丽

前不久，我看了一篇文章叫“坚持就是胜利”，我非常同意这个观点。只要坚持就会胜利。今天早上，我不到六点三十分便从睡梦中惊醒，便在思考，来这的目的和意义分别是什么，想着想着脑袋里就萌生了想要放弃的年头，思绪愈加混乱了。……

点评

标题太长了，不需要说明“我”是不是赞同这个观点，应直接写“坚持就是胜利”作为题目。写论文不是写自己的经历，不要写自己想了什么。格式上，每个段落开头要空两格。

3

坚持就是胜利

江小丽

人们都想要在学业上有所成就，但只有一部分人取得胜利，而相当一部分人却陷入考不好的痛苦之中。这是为什么呢？

首先，我们要分析这些人失败的原因。为什么他们那么努力，结局却不一样。因为他们中途退缩了。俗话说，失败是成功之母。多失败是好的，但要知道失败的原因是什么。

小时候我是体操运动员，失败了很多次，我都和教练一起讨论失败的原因。接下来几年的比赛，我的成绩进步就很大。我的同班同学，在一次中文口试考不好之后，放弃学华文。……

点评

论点一讲失败是因为没有坚持下来，但提供的论据却是“失败是成功之母”，前后不搭。提供的例子应该是名人的经历，而不应该用“我”或某个普通人的经历，没有说服力。文中使用了对比论证，一个例子讲失败后总结经验，一个例子讲失败后放弃，举的例子是自己和朋友，一是没有可比性，二是没有说服力。

2.12.4 常用表达

✏ 开头

❶ 我赞同 / 反对……。理由如下：……

❷ 学校是否应该……？对此每个人都有不同的看法。我认为……

✏ 正文

❶ 首先……，其次……，最后……

❷ 一方面……，另一方面……

❸ 第一……，第二……，第三……

✏ 结尾

❶ 综合以上的论点，我赞同 / 反对……

❷ 总而言之，……。我认为……

❸ 综上所述，……，因此我认为……

2.12.5 作文练习

要求

SL：字数为 300-480，时间为 1h15m

HL：字数为 540-720，时间为 1h30m

1

<table>
<tr><td>主题</td><td>身份认同</td></tr>
<tr><td>题目</td><td>越来越多的学生喜欢使用网络语言沟通。请从下列的文本类型中选择一个，谈谈你对青少年使用网络语言的看法。
<table><tr><td>传单</td><td>辩论稿</td><td>论文</td></tr></table></td></tr>
<tr><td>作文提纲</td><td></td></tr>
</table>

2

<table>
<tr><td>主题</td><td>体验</td></tr>
<tr><td>题目</td><td>随着留学热潮的发展，很多孩子很小就出国留学。请从下列的文本类型中选择一个，来谈谈小学生出国留学的利与弊。
<table><tr><td>论文</td><td>信</td><td>辩论稿</td></tr></table></td></tr>
<tr><td>作文提纲</td><td></td></tr>
</table>

3

<table>
<tr><td>主题</td><td colspan="3">人类发明创造</td></tr>
<tr><td rowspan="2">题目</td><td colspan="3">学校举行征文比赛，题目是“追星的利与弊”。请从下列的文本类型中选择一个，发表你的立场和看法。</td></tr>
<tr><td>论文</td><td>日记</td><td>电子邮件</td></tr>
<tr><td>作文提纲</td><td colspan="3"></td></tr>
</table>

4

<table>
<tr><td>主题</td><td colspan="3">社会组织</td></tr>
<tr><td rowspan="2">题目</td><td colspan="3">考虑到互联网上泛滥着大量假新闻，你们学校决定限制中学生在学校网站发表观点。请从下列的文本类型中选择一个，来阐述你对学校限制中学生在学校网站言论自由的看法。</td></tr>
<tr><td>公函</td><td>论文</td><td>辩论稿</td></tr>
<tr><td>作文提纲</td><td colspan="3"></td></tr>
</table>

5

<table>
<tr><td>主题</td><td>共享地球</td></tr>
<tr><td>题目</td><td>面对全球气候变暖的危机，你们学校要举办一场作文比赛，题目是“应对全球气候变暖，人人有责”。请从下列的文本类型中选择一个，来表明你的立场和观点。
<table><tr><td>新闻报道</td><td>论文</td><td>说明书</td></tr></table></td></tr>
<tr><td>作文提纲</td><td></td></tr>
</table>

2.13 评论

评论即读后感、观后感，是对一篇文章、一本书或一部电影发表自己读后、看后的感想、评论等。

2.13.1 格式模板

标题
——读 / 观《……》有感

作者

□□ 开头：引出话题

□□ 正文：书 / 电影的主要内容 + 印象深刻的部分 + 看法感想

□□ 结尾：总结全文

注意

① 要有作者姓名，在标题下方右侧。

② 正文每段空两格。

2.13.2 写作指导

❶ 主标题要有相关性，也可以直接写“读 / 观《……》有感”作为主标题。

❷ 开头要说明看书、看电影的时间，可以介绍背景信息，也可以用开门见山的方法来吸引读者的注意力。

❸ 要有明确的中心点，且这个中心点必须是总结自己所看的材料得出的。

❹ 要有自己的看法和感想，看法和感想要结合自己的生活。

❺ 语气是正式、半正式的。

2.13.3 范文参考

最近你看了一部电影。请从下列的文本类型中选择一个，来谈谈这部电影吸引人的地方以及你的看法，并把这篇文章发表在你们学校的校刊上。

信	评论	传单

分析

① 找出关键词：在题目的最后一句，找出判断文本类型的关键词“谈谈这部电影吸引人的地方以及你的看法”和“文章”。

② 选出文本类型：信的对象是亲友、师长。传单是对大众做宣传或做广告。评论的对象是读者，是表达对某部电影或材料的看法，所以评论符合题意。

③ 确定写作范围：确定文章的重点，为“一部电影”“吸引人的地方”与“你的看法”。

思考与练习

想一想，你会怎么写这篇作文？写下你的作文提纲。

范文点评

看《功夫熊猫》有感

林小黄

上周，我去电影院看了《功夫熊猫》这部电影，给我留下了很深的印象，让我有很多感想。

> 说明看电影的时间，引出话题。

《功夫熊猫》主要讲述了熊猫阿宝在师父的教导下练习功夫、认识自我，最后克服困难、打败敌人的故事。影片赞扬了熊猫阿宝相信自己、不轻易放弃的奋斗精神。

> 介绍电影的主要内容。

在影片中让我印象最深的是师父在熊猫阿宝被敌人打败后，不但没有放弃他，还积极想办法

> 详细写出令自己印象深刻、吸引自己的部分。

激发阿宝学习功夫的动力，鼓励他努力练功夫。阿宝在师父的鼓励下，认识了自我、建立了信心，更加勤奋、刻苦地练习功夫。

影片不仅让我看到师父的用心良苦，也让我被阿宝的奋斗精神所感动。看看不屈不挠的阿宝，再想想学习时一碰到困难就想放弃的自己，我真是感到羞愧。“世上没有不可能的事，凡事都要相信自己，遇到困难不要轻易放弃机会。”阿宝的这句话让我明白了一个道理：每个人都有无限的潜力，坚持到底就是胜利。

结合自己的实际生活，提出看法和感受。

人的成长就是一个不断挑战自我的过程，重要的是在面对挑战的时候，能像熊猫阿宝那样，相信自己，坚持到底。

总结全文，归纳自己的看法，回应主题。

案例分析

1

> 尊敬的校刊：
>
> 您好！我最近看到一部电影叫《功夫熊猫》，对此我大受鼓舞。……

点评

格式错误，评论不需要用书信的格式。写作对象错误，评分标准 B 和 C 可能得零分。直接写明标题“看《功夫熊猫》有感”、作者姓名就好。

2

> 我喜欢《功夫熊猫》这部电影
>
> 林小黄
>
> 上周，我去看了一部电影叫“功夫熊猫”，我非常喜欢这部电影。
>
> 熊猫有着圆圆的脸，大大的黑眼圈，胖嘟嘟的身体。大熊猫每天需要花将近一半的时间来进食，是世界上最可爱的动物之一。
>
> 中国功夫也叫武术，在中国有悠久的历史，它产生于……

点评

标题太长了，不需要在标题中说明自己对电影的观点。观后感的重点是介绍电影的内容和自己的感受，不需要花大篇幅介绍熊猫和中国功夫。格式上，每个段落开头要空两格。

3

> 坚持就是胜利——《功夫熊猫》观后感
>
> 林小黄
>
> 上周，我和同学一曲去看了一部电影叫“功夫熊猫”。
>
> 我的同学看完后哭得稀里哗啦，她被熊猫的精神感动了。熊猫遭遇了很多的挫折，都没有放弃，为什么我们考试一考不好，就放弃了呢？我的同学觉得我们跟熊猫比，简直太渺小了。……

点评

副标题“《功夫熊猫》观后感”应该放在主标题“坚持就是胜利”下一行。内容上，观后感重点应写“我”的感受，不应是“我的同学”的感受。

2.13.4 常用表达

✏ 标题

❶ 看《……》有感

❷《……》读后感

❸《……》观后感

✏ 开头

❶ 上周，我去电影院看了一部电影……。这部电影语言幽默、风趣，……

❷ 最近，我读了中国作家……写的一本书——《……》。故事发生在……

✏ 正文

❶ 这部电影讲述了……

❷ 这部电影令我印象最深的地方的是……

❸ 影片让我看到了……，也给了我很大的启发。……

✏ 结尾

❶ 看完这部电影后，我深深地被……所感动，久久不能忘怀。

❷ 读完这本书后，我非常佩服这个主人公，他让我明白……

❸ 电影里的对白教会了我做人的道理，引人深思，值得我们学习。

2.13.5 作文练习

要求

SL：字数为 300–480，时间为 1h15m

HL：字数为 540–720，时间为 1h30m

1

<table>
<tr><td>主题</td><td>身份认同</td></tr>
<tr><td>题目</td><td>你最近看了一部电影，电影讲述了中国老太太到澳洲女婿家里做客引发了一连串文化冲突的问题。请从下列的文本类型中选择一个，向你们学校的校刊投稿，谈谈你的观后感以及你对文化差异的看法。
<table><tr><td>传单</td><td>辩论稿</td><td>评论</td></tr></table></td></tr>
<tr><td>作文提纲</td><td></td></tr>
</table>

2

<table>
<tr><td>主题</td><td>体验</td></tr>
<tr><td>题目</td><td>你最近看了一些获得中国金鸡百花奖的优秀电影，其中一部电影让你学到了很多关于中国文化和风俗的知识。请从下列的文本类型中选择一个，给你们学校的校刊投稿，谈谈中国的文化与风俗跟别的国家有什么不同，以及你对这部电影的看法。
<table><tr><td>评论</td><td>博客</td><td>辩论稿</td></tr></table></td></tr>
<tr><td>作文提纲</td><td></td></tr>
</table>

3

主题	人类发明创造
题目	你刚刚看了一本关于机器人可能会在 2080 年统治世界的书。请从下列的文本类型中选择一个，在学校校刊发表你对这本书的看法和读后的感想。 评论 | 个人陈述 | 电子邮件
作文提纲	

4

主题	社会组织
题目	你刚看了一本书，书中讨论了中国农村留守儿童受教育的问题。请从下列的文本类型中选择一个，来给你们学校的校报写一篇文章，说说你的看法。 演讲稿 | 评论 | 日记
作文提纲	

5

<table>
<tr><td>主题</td><td>共享地球</td></tr>
<tr><td>题目</td><td>你刚看了一部叫《动物世界》的纪录片，记录人类屠杀动物、进行买卖的过程。请从下列的文本类型中选择一个，为校报写一篇文章来表明你的立场和观点。<table><tr><td>新闻报道</td><td>评论</td><td>说明书</td></tr></table></td></tr>
<tr><td>作文提纲</td><td></td></tr>
</table>

2.14 个人陈述

个人陈述是关于申请人过去背景、目前成就和未来目标的自我介绍性文章，通常在申请大学或奖学金时使用。

2.14.1 格式模板

个人陈述

作者

□□ 开头：自我介绍 + 申请意愿

□□ 正文：自我介绍 + 申请理由 + 未来打算

□□ 结尾：申请意愿

注意

① 要写题目“个人陈述”。

② 要有作者姓名，在标题下方右侧。

③ 正文每段空两格。

2.14.2 写作指导

❶ 要用第一人称“我”来写。

❷ 开头和结尾可以写一些对机构、组织赞美、恭维的话。

❸ 正文要从优势、特长、爱好、经历、看法等角度做详细的自我介绍。

❹ 可以适当使用修辞手法来加强文采。

❺ 语气是正式的。

思考与练习

写出个人陈述与申请信的相同点、不同点。

文体	个人陈述	申请信
相同点		
不同点		

提示

个人陈述是介绍性文章，侧重个人在学术或非学术方面的才能和成就，注重事实，语言简洁有力，强调个人反思。申请信是公函，是书信格式，注重说明申请理由、期待回复等。

2.14.3 范文参考

你参加了北京大学的开放日，北京大学提供的专业和奖学金都很吸引你。你决定申请其中一个专业。请从下列的文本类型中选择一个，来说说你的申请理由，以及你为什么适合这个专业。

日记	宣传册	个人陈述

分析

① 找出关键词：在题目的最后一句，找出判断文本类型的关键词“申请理由”和“为什么适合”。

② 选出文本类型：日记的对象是自己。宣传册的对象是大众，向他们做宣传或做广告。个人陈述的对象是组织、机构。

③ 确定写作范围：确定文章的重点，为“一个专业”“申请理由”与“为什么适合这个专业”。

思考与练习

想一想，你会怎么写这篇作文？写下你的作文提纲。

范文点评

个人陈述

陈小珍

我是新加坡国际学校的IB毕业生陈小珍。进入北大读书是很多海外华人的梦想，我也不例外。北京大学严谨的校风、浓厚的文化氛围深深地吸引着我，北京大学“爱国、进步、科学、民主”的教育理念正是我追求的目标，因此我想申请到北京大学的中文系学习汉语。

赞美北京大学。

我性格开朗、外向，学习刻苦、努力。我学习成绩优异，每次考试都名列前茅。除此之外，我还是一名艺术体操选手，经常代表新加坡参加国外的艺术体操比赛。这些经历让我深深认识到勤奋与热爱的重要性。

介绍自己的优势、特长。

当今世界需要具有国际情怀又有包容心的人。作为学校的爱心大使，我曾到贫困国家做义工，教当地儿童学习英文。我还曾到四川，为当地灾民献出自己的一份力量。做义工的经历让我深知作为年轻人应有的责任和义务。

说明个人经历，自我反思。

现在中国在世界经济、文化交流中扮演着越来越重要的角色，而了解中国最有效的途径就是掌握中文。中文博大精深，掌握了中文就可以更好地了解灿烂的中国文化。因此，我想要报考北京大学的中文专业。

说明申请的专业和理由。

关于未来，我想学好中文，成为中国和其他国家交流的使者，为促进中国与其他国家在科学、文化领域的沟通与合作贡献一份力量。

介绍未来的打算，从另一个角度说明自己适合这个专业。

不管我最后有没有进北京大学学汉语，我都会继续努力学习，也希望北京大学越办越好，培养出更多优秀的人才。

再次赞美北京大学。

案例分析

1

> 尊敬的校长：
>
> 　　您好！我是新加坡国际学校的陈小珍同学，今天写这封信是想告诉您，我想申请您的学校……

点评

格式错误，个人陈述不需要用书信的格式。写作对象错误可能导致评分标准 B 和 C 得零分。

2

> 陈小珍个人陈述
>
> 我是新加坡国际学校的 IB 毕业生陈小珍。今天我参加了北京大学的开放日。我被北京大学深厚的文化底蕴吸引住了。北京大学简称北大，是中国近代第一所国立大学。北京大学是中国最好的大学之一，只有成绩最优秀的毕业生才有机会被北大录取。……

点评

标题不要写“陈小珍个人陈述”，应直接写“个人陈述”，下方写上作者姓名。第一段应直接说明申请北京大学的目的，而不是介绍北京大学。格式上，个人陈述每段开头要空两格。

3

个人陈述

陈小珍

我是新加坡国际学校的 IB 毕业生陈小珍。今天我参加了北京大学的开放日。来参加开放日的学生真是太多了，这也增加了我选择北京大学的决心。

你知道吗？从我还是小学生的时候开始，我就梦想着我能到北京大学读书。我的心思单纯而迫切，然而我为理想奋斗的过程却是艰辛的。我像一头二月黄牛，默默踏步，无声前行。北大已经幻化为心中恒远而朦胧的梦想，而所有的努力也只是为了让这梦想不再“美人如花隔云端”。……

点评

个人陈述是介绍性文章，语气要正式，不应加入“你知道吗”这样的互动。个人陈述重点写自己的特长，说明申请理由，而不能用散文式的写作手法，一直抒发自己对北大的热爱。

2.14.4 常用表达

✏ 开头

❶ 我是……学校的学生……。我非常同意……大学的教育理念……。我想申请到……大学就读。

❷ 我是……，是……的学生。下面我将介绍一下我的基本情况。

❸ 我是……，在……年参加了……大学的比赛，取得优异成绩。这也坚定了我申请来贵校读书的想法。

✏ 正文

❶ 优异的成绩并没有冲昏我的头脑，我时刻记着我的梦想……

❷ 为了成为一个更优秀的人，除了取得优异的成绩外，我还积极参加义工活动。

❸ 对于未来，我有清晰的努力方向，我将……

✏ 结尾

❶ 不管最后我有没有进……大学读书，我都希望……大学越办越好。

❷ 进入……大学后，我计划把绝大部分时间放在我喜欢的研究上，严格要求自己，争取得到……的认可。

❸ 总之，我会在将来的学习和生活中更加努力，争取做得更好。

2.14.5 作文练习

要求

SL：字数为 300–480，时间为 1h15m

HL：字数为 540–720，时间为 1h30m

1

<table>
<tr><td>主题</td><td>身份认同</td></tr>
<tr><td>题目</td><td>你们学校的学生会将招募学生会会长，你想申请这个职位。请从下列的文本类型中选择一个，来说说你申请的理由以及为什么你适合这个职位。
个人陈述 ｜ 演讲稿 ｜ 访谈</td></tr>
<tr><td>作文提纲</td><td></td></tr>
</table>

2

<table>
<tr><td>主题</td><td>体验</td></tr>
<tr><td>题目</td><td>你打算申请到清华大学学习国画。请从下列的文本类型中选择一个，向清华大学说明你申请的理由以及为什么你适合国画专业。
访谈 ｜ 信 ｜ 个人陈述</td></tr>
<tr><td>作文提纲</td><td></td></tr>
</table>

3

<table>
<tr><td>主题</td><td colspan="3">人类发明创造</td></tr>
<tr><td rowspan="2">题目</td><td colspan="3">中国的华为公司最近要招募一批高中生到华为实习。你决定申请这个实习机会。请从下列的文本类型中选择一个，来说说你申请的理由。</td></tr>
<tr><td>辩论稿</td><td>新闻报道</td><td>个人陈述</td></tr>
<tr><td>作文提纲</td><td colspan="3"></td></tr>
</table>

4

<table>
<tr><td>主题</td><td colspan="3">社会组织</td></tr>
<tr><td rowspan="2">题目</td><td colspan="3">你最喜欢的大学将给选修中文课程的外国留学生提供奖学金。你决定申请这所大学。请从下列的文本类型中选择一个，来说说你申请的理由并说明为什么你应该获得这个奖学金。</td></tr>
<tr><td>演讲稿</td><td>电子邮件</td><td>个人陈述</td></tr>
<tr><td>作文提纲</td><td colspan="3"></td></tr>
</table>

5

主题	共享地球
题目	你很关注环保问题，想读和环境保护相关的专业。清华大学的环境保护专业很符合你的想法。请从下列的文本类型中选择一个，申请就读清华大学的这个专业，说明你申请的理由以及为什么你适合这个专业。 新闻报道 | 访谈 | 个人陈述
作文提纲	

2.15 说明书 / 指南

说明书 / 指南是为人们提供指导性资料的文体，用于介绍事物的性能、特点、作用、注意事项等。

2.15.1 格式模板

<table>
<tr><td>

标题

□□ 开头 : 产品简介 / 介绍目的

□□ 正文 : 分段介绍 / 列点介绍

□□ 结尾 : 总结全文 + 表达希望

XX

X 年 X 月 X 日

</td></tr>
</table>

注意

① 要有标题。

② 开头和结尾段空两格写。如正文分段介绍，每段都空两格。如正文列点介绍，每段都顶格写。

③ 不要写作者的名字，落款要写主办单位的名字。

④ 日期写在右下角。

2.15.2 写作指导

❶ 标题可以是介绍的产品，要简单、突出、吸引人。

❷ 开头要用有鼓动性的语句来吸引读者注意，可以使用排比、反问、设问等修辞手法。

❸ 组织结构要有条理，可以分段介绍事物，也可以列点说明。

❹ 根据介绍的内容和可能的读者来对正文做调整。例如，说明书中要设想使用者可能碰到的问题，提供协助。

❺ 不要写自己的看法和感想。

❻ 结尾要概括正文的介绍并表达希望。

❼ 根据需要，落款后可以有联系方式。

❽ 语气是正式、半正式的。

2.15.3 范文参考

自助旅游的方式越来越受到年轻人的喜爱。请从下列的文本类型中选择一个，说明自助旅游的好处及注意事项。

信	评论	指南

分析

① 找出关键词：在题目的最后一句，找出判断文本类型的关键词“自助旅游”“好处”和“注意事项”。

② 选出文本类型：信的对象是亲友、师长。评论的对象是读者，来表达对电影或材料的看法。指南的对象是大众，为大众提供信息，符合题意。

③ 确定写作范围：确定文章的重点，为“自助旅游”“好处”与“注意事项”。

思考与练习

想一想，你会怎么写这篇作文？写下你的作文提纲。

范文点评

自助游指南

你是否因为参加旅行团觉得自由受到限制而烦恼？自助游有哪些好处？自助游又需要注意什么呢？希望这本自助游指南可以解答你所有的疑虑。

用设问的方式引出指南的目的。

一、什么是自助游

自助游是一种自由、主动的旅游方式，旅游者自己设计路线，自己安排旅途中的一切。

二、自助游的好处

根据题目要求确定列点介绍的内容。

1. 旅游者可以根据兴趣爱好自由选择旅游景点、游玩活动。
2. 自助游自由自在、不受拘束，可以在喜欢的景点停留更长时间。
3. 自助游可以更加灵活地选择酒店、安排一日三餐。
4. 和预先安排好行程的跟团游相比，自助游使旅游的过程充满惊喜，还可以让人获得成就感。

三、自助游的注意事项

呼应题目要求和第一段的设问。

1. 要提前查找景点资料和交通信息，制定计划。
2. 要保管好随身物品，特别是护照等重要证件。
3. 为了安全起见，尽量结伴出行，不要单独行动。
4. 最好去正规的饭店吃饭，安全又卫生。

自助游是一件愉快的事，在身心放松的同时，也不要忘记安全、卫生这些重要事项。希望这本自助游指南对大家有帮助，让大家更好地享

概括正文中自助游的好处和注意事项。

受自助旅游。

自由行推荐中心

2020 年 12 月 12 日

案例分析

1

> 尊敬的同学们：
>
> 越来越多的同学们喜欢自助旅游，今天我就根据我的经验和大家谈谈自助旅行的好处和注意事项。……

点评

文体错误、格式错误，不需要用书信的格式。对象错误，指南的对象是大众，不是只限于同学们。这可能导致评分标准 B 和 C 得零分。

2

> 我的自助旅行
>
> 我是大毛，喜欢旅行和记录，每去一个地方都喜欢用笔记录下来，现在是一名旅游体验师，上个月刚从成都回来，跟几个旅游大咖深度完了 5 天，体会很深，正好可以跟大家分享，希望对你有帮助！
>
> 时间：五天四晚
>
> 线路建议：成都→康定→日瓦→稻城亚丁，路上的风景是一绝～其次是乐山大佛、峨眉山、小九寨沟，除此之外，都江堰、四姑娘山等也都是四川值得去的景点……

点评

标题不应该是“我的自助旅行”，应该是“自助旅行指南”，题目不是要求写自己的经验。指南是给大家提供信息的宣传材料，应具有广泛性，不应该只集中在一个地方，材料应该是广泛的。开头段要空两格写。

3

> 自助旅游指南
>
> 自助游是指以最省钱的方法背着包去旅行。自己设计路线，自己安排旅途中的一切，利用现代文明带来的便捷，却又不受商业束缚。
>
> 自助游是新兴起的一种旅游方式，是由游人根据自身条件（时间、预算、身体状况等等）自由安排行程的旅游类型。旅游中的吃、住、行、游、购、娱，所有事情全由自己搞定，操作起来比较繁琐，但却摆脱了旅行社预先安排一切的行程模式。……

点评

要注意审题，自助旅游指南重点在于说明自助旅游的好处和注意事项，而不应该花大量的篇幅介绍什么是自助游。

2.15.4 常用表达

✏ 开头

❶ 你想拥有与众不同的个人表情包吗？下面这个操作指南将告诉你如何制作个人表情包。

❷ 中秋节快到了，如何制作灯笼呢？希望下面的灯笼制作指南可以为你提供一些帮助。

❸ 又是一年毕业季，什么样的大学最适合你？如何选择合适的专业呢？下面的指南将帮你做出正确的选择。

✏ **正文**

❶ 什么是……？

❷ 如何制作……？

❸ 制作……需要哪些材料？

❹ ……有哪些注意事项？

❺ ……有哪些好处？

✏ **结尾**

❶ 如指南中的信息有更改或修正，我们会通知大家，也欢迎大家对本指南提出宝贵的意见。

❷ 敬请详细阅读本指南，如果仍有不明白的地方，可以向学生会咨询。

❸ 除此之外，最重要是你个人的努力和勤奋。如果你闪闪发亮，人们亦可分享一分光明。

❹ 大家如果有什么问题或建议，可以联系我们。欢迎大家一起交流心得、分享经验，我们互相帮助、共同进步。

2.15.5 作文练习

要求

SL：字数为 300–480，时间为 1h15m

HL：字数为 540–720，时间为 1h30m

1

<table>
<tr><td>主题</td><td>身份认同</td></tr>
<tr><td>题目</td><td>最近你们学校有很多同学感冒，为了防止更多同学传染上感冒，请从下列的文本类型中选择一个，向同学们说明避免传染感冒的方法。
<table><tr><td>说明书</td><td>辩论稿</td><td>访谈</td></tr></table></td></tr>
<tr><td>作文提纲</td><td></td></tr>
</table>

2

<table>
<tr><td>主题</td><td>体验</td></tr>
<tr><td>题目</td><td>你的同学对中国的文化习俗、饮食文化、餐桌礼仪等不熟悉。你想建立一个网站和大家分享这些中国的传统文化。请从下列的文本类型中选择一个，来介绍你的网站以及网站如何使用、操作等。
<table><tr><td>评论</td><td>说明书</td><td>日记</td></tr></table></td></tr>
<tr><td>作文提纲</td><td></td></tr>
</table>

3

<table>
<tr><td>主题</td><td colspan="3">人类发明创造</td></tr>
<tr><td rowspan="2">题目</td><td colspan="3">现在很多中学生沉迷网络游戏不能自拔。请从下列的文本类型中选择一个，向同学们介绍如何防止沉迷网络游戏。</td></tr>
<tr><td>指南</td><td>个人陈述</td><td>电子邮件</td></tr>
<tr><td>作文提纲</td><td colspan="3"></td></tr>
</table>

4

<table>
<tr><td>主题</td><td colspan="3">社会组织</td></tr>
<tr><td rowspan="2">题目</td><td colspan="3">在你们学校，一些同学在图书馆大声喧哗、占位置、打游戏等。图书馆制定了一个规章制度。请从下列的文本类型中选择一个，宣传图书馆的这个规章制度。</td></tr>
<tr><td>演讲稿</td><td>评论</td><td>指南</td></tr>
<tr><td>作文提纲</td><td colspan="3"></td></tr>
</table>

5

<table>
<tr><td>主题</td><td>共享地球</td></tr>
<tr><td>题目</td><td>你们学校要组织同学到一个小岛上旅行。为了保护小岛的环境，你决定写下需要注意的事项。请从下列的文本类型中选择一个，让大家了解如何保护小岛的环境以及有关的注意事项等。<table><tr><td>指南</td><td>公函</td><td>新闻报道</td></tr></table></td></tr>
<tr><td>作文提纲</td><td></td></tr>
</table>

2.16 小册子 / 传单 / 宣传册

小册子 / 传单 / 宣传册是主办者告知公众举行活动的一种文体。

2.16.1 格式模板

标题

□□ 开头：活动简介

一、活动目的

二、活动对象

三、活动详情

四、活动安排

五、注意事项

□□ 结尾：报名方式 + 呼吁报名

XX

X年X月X日

注意

① 要有标题。

② “一、活动目的”“二、活动对象”“三、活动详情”“四、活动安排”“五、注意事项”顶格写，正文每段空两格。

③ 不要写作者的名字，落款要写主办单位的名字。

④ 日期写在右下角。

2.16.2 写作指导

❶ 标题可以是活动的内容，也可以是简要的描述，要简单、突出、吸引人。

❷ 开头要用有鼓动性的语句来吸引读者注意，可以使用排比、反问、设问等修辞手法。

❸ 活动详情部分要说明活动的时间、地点、费用等。

❹ 根据所介绍的内容需要，可以省去不写注意事项。

❺ 不要写自己的看法和感想。

❻ 结尾要有鼓动性、号召性。

❼ 根据需要，落款后可以有联系方式。

❽ 语气是正式、半正式的。

思考与练习

写出小册子 / 传单 / 宣传册与说明书 / 指南的相同点、不同点。

文体	小册子 / 传单 / 宣传册	说明书 / 指南
相同点		
不同点		

提示

小册子 / 传单 / 宣传册侧重告知活动的举办，进行宣传，呼吁大家参加，是一种广告宣传文体。说明书 / 指南侧重向大众介绍产品或事物的特点、功能等基本信息。

2.16.3 范文参考

学生会将在假期组织露营活动，你是组织者之一。请从下列的文本类型中选择一个，介绍这次露营活动的详细安排并号召同学们参加。

信	个人陈述	小册子

分析

① 找出关键词：在题目的最后一句，找出判断文本类型的关键词“详细安排”和“号召同学们参加”。

② 选出文本类型：信的对象是亲友、师长。个人陈述的对象是机构、组织。小册子的对象是大众，用来宣传活动，符合题意。

③ 确定写作范围：确定文章的重点，为“露营活动”“详细安排”与“号召同学们参加”。

思考与练习

想一想，你会怎么写这篇作文？写下你的作文提纲。

范文点评

天马山露营

假期就要来临，学生会决定组织同学们到厦门天马山进行三天两夜的露营活动。

一、活动目的

丰富同学们的假期生活，培养大家敢于挑战自我的精神，探索自然并享受回归自然的乐趣。

二、活动对象

2020级一年级的学生。

三、活动详情

日期：12月1日到12月3日

地点：厦门天马山

四、活动安排

第一天：坐巴士到天马山森林公园，欣赏公园优美的自然景观。

第二天：寻找水源，搭建帐篷。晚上有篝火晚会。

第三天：攀登天马山，亲近大自然。

逐日介绍露营活动的详细安排。

五、注意事项

1. 手机充满电，以防走失后无法和大家联系。

2. 带上雨衣、拖鞋，以防下雨。

3. 带上足够的食物。

4. 带上保暖的衣物，夜晚的温度比较低。

说明要注意的事和原因。

希望同学们勇于接受挑战，投入大自然的怀抱，体验不一样的假期生活。有兴趣参加的同学

号召同学们参加露营活动。

请在 10 月 1 日前到学生会报名。如有疑问，请联系学生会王小燕同学。

学生会

2020 年 9 月 12 日

案例分析

1

> 露营活动
>
> 学生会
>
> 你是否因为参加露营活动不知道如何准备而烦恼？露营活动有哪些好处？需要注意什么？希望这本小册子可以解答你的疑虑。……

点评

“学生会”应该放在文章最后的落款处，不是在标题下面。小册子的目的是宣传活动，在第一段应该直接介绍活动，而不是谈露营的好处和注意事项，把指南和小册子混淆了。文体和格式错误，可能导致评分标准 B 和 C 得零分。

2

> 天马山露营
>
> 王小燕
>
> 2012 年 12 月末，很荣幸参加了我平生的第一次露营，跨出了我成为驴友的一小步。更荣幸的是，由于我提前抵达，成了露营大会工作组的一分子，参与到工作当中，全程跟随拍摄……

点评

小册子是告知活动具体内容的宣传材料，不是分享自己露营经历的文章。作为露营活动的组织者之一，应是代表学生会写这个小册子。落款应该是学生会，而不是自己，且落款要放在文章的结尾。

3

天马山露营

假期就要来临，学生会决定组织同学们到厦门天马山进行三天两夜的露营活动。

一、野外露营的好处

当你开始野外露营之后你一定会爱上它的！当你去野外露营的时候，草地、高山、江河湖边，永远都看不厌。你会喜欢上帐篷、睡袋、背包……

二、活动目的

为了丰富大家的假期生活，培养同学们敢于挑战自我，勇于尝试的精神……

点评

小册子的重点在于说明活动目的、具体安排，不需要写露营的好处。

2.16.4 常用表达

✏ 开头

❶ 一年一度的中国新年就要到了，你知道如何庆祝中国新年吗？中国新年都有哪些传统习俗呢？请来参加我们的新春庆祝活动。

❷ 你想尽快融入校园生活吗？快来参加我们的……活动吧！

❸ 世界这么大，你想去看看吗？想去看世界的你一定不要错过这次世界旅行介绍活动！

✏ 正文

❶ 为了丰富大家的学习生活，……

❷ 为了让同学们尽快融入新的校园生活，……

❸ 为了培养同学们勇于挑战自我的精神，……

❹ 活动内容：第一天，……。第二天，……。第三天，……

❺ 活动内容：一、……。二、……。三、……

✏ 结尾

❶ 希望大家积极参加这次的活动。有兴趣的同学请联系……

❷ 希望同学们勇于接受挑战，体验不一样的生活。

❸ 希望同学们不要错过这次千载难逢的机会，踊跃报名参加。

❹ 如有疑问，可拨打我们的热线电话，咨询相关的细节。

❺ 关于活动安排，如果有任何问题，可以联系……

2.16.5 作文练习

要求

SL：字数为 300-480，时间为 1h15m

HL：字数为 540-720，时间为 1h30m

1

主题	身份认同
题目	为了提倡健康的饮食，学生会决定举办一次关于健康饮食的讲座。请从下列的文本类型中选择一个，向同学们介绍这次活动并鼓励同学们来参加这次讲座。 小册子 | 博客 | 文章
作文提纲	

2

主题	体验
题目	新学期开始了，为了让同学们互相了解，学生决定组织一次郊游活动。请从下列的文本类型中选择一个，向同学们介绍这次活动并鼓励大家积极报名参加。 评论 | 小册子 | 辩论稿
作文提纲	

3

<table>
<tr><td>主题</td><td>人类发明创造</td></tr>
<tr><td>题目</td><td>随着科技的发展，人们的生活已经离不开人工智能了。为了让同学们更好地了解人工智能，学校决定举办一个关于人工智能的展览。请从下列的文本类型中选择一个，向同学们介绍这次活动并鼓励大家参加。<table><tr><td>小册子</td><td>个人陈述</td><td>电子邮件</td></tr></table></td></tr>
<tr><td>作文提纲</td><td></td></tr>
</table>

4

<table>
<tr><td>主题</td><td>社会组织</td></tr>
<tr><td>题目</td><td>重阳节快到了，为了让社区的老人度过美好的一天。学生会决定号召同学们到社区老人院做义工。请从下列的文本类型中选择一个，向同学们介绍这次活动并鼓励同学们来参加义工活动。<table><tr><td>演讲稿</td><td>公函</td><td>小册子</td></tr></table></td></tr>
<tr><td>作文提纲</td><td></td></tr>
</table>

5

<table>
<tr><td>主题</td><td colspan="3">共享地球</td></tr>
<tr><td rowspan="2">题目</td><td colspan="3">为了庆祝世界环境日，学生会决定组织大家到沙滩捡垃圾。请从下列的文本类型中选择一个，向同学们介绍这次活动并鼓励大家参加。</td></tr>
<tr><td>小册子</td><td>评论</td><td>新闻报道</td></tr>
<tr><td>作文提纲</td><td colspan="3"></td></tr>
</table>

2.17 口头报告

口头报告是向机构或组织以口头陈述的形式汇报调查结果、分析、建议等。

2.17.1 格式模板

XX的口头报告

尊敬的XX：

□□ 开头：自我介绍＋介绍报告

一、调查目的

二、调查方法

三、调查结果

四、调查分析

五、建议

□□ 结尾：表达感谢

注意

① 要有标题。

② 不要写作者的名字。

③ "一、调查目的""二、调查方法""三、调查结果""四、调查分析""五、建议"顶格写，正文每段空两格。

2.17.2 写作指导

❶ 开头要介绍自己和口头报告的主题。

❷ 要分点说明调查的目的、方法、结果、分析、建议。

❸ 调查目的处可以先介绍调查的背景。

❹ 调查方法处要介绍怎么调查、对谁调查。

❺ 调查结果和调查分析处要有具体的数据和有针对性的数据分析。

❻ 建议处可以提出解决问题的方法或改进工作的建议；也可以总结全文，进一步深化主题；还可以提出问题，引起人们深入思考。

❼ 最后要有"谢谢大家！"。

❽ 要客观、公正，不要写自己的看法和感想。

❾ 语气是正式的。

2.17.3 范文参考

期末考试临近，不少同学忙于学习忽略了身心健康。学生会对同学们的身心健康状况进行了一次调查，希望帮大家更健康地度过期末阶段。请从下列的文本类型中选择一个，向学校领导汇报调查方式、调查结果、建议等。

信	个人陈述	口头报告

分析

① 找出关键词：在题目的最后一句，找出判断文本类型的关键词"向学校领导""调查方式""调查结果"和"建议"。

② 选出文本类型：信的对象是亲友、师长。个人陈述的对象是机构、组织。口头报告是向机构、组织汇报，符合题意。

③ 确定写作范围：确定文章的重点，为"忙于学习忽略了身心健康""调查方式""调查结果"与"建议"。

思考与练习

想一想，你会怎么写这篇作文？写下你的作文提纲。

范文点评

学生身心健康状况的口头报告

尊敬的各位领导：

大家好！我是学生会主席郭小晶。今天我将在这里向各位领导做关于学生身心健康状况的口头报告。

一、调查目的

随着期末考试的临近，学生的身心健康问题逐渐引起人们的重视。沉重的学习压力严重影响了很多学生的身心健康状态。此次学生会开展调查的目的是通过对学生身心健康状态的了解，更好地帮助大家调整学习方式、提高学习效率、改善身心健康状态。

介绍调查背景，呼应题目要求。

二、调查方法

通过电话采访、电子邮件问卷、访谈等方式对全校 1200 名学生进行了调查。

写明调查对象的具体数量。

三、调查结果

调查显示：有超过三分之二的学生身心状态不佳，其中有 50% 的学生感到焦虑，有三成的学生出现失眠、暴饮暴食症状。

罗列数据，说明调查结果。

四、调查分析

造成学生身心状态不佳的主要原因是学业压力过大。期末考试期间，学生考试次数多，复习功课繁重，缺乏锻炼，睡眠不足。

五、建议

从上述调查结果看，影响学生身心健康状况的主要原因是考试次数多、考试压力大。**因此，学生会建议**：学校和老师应该减少不必要的课业。同学们应该采取更加科学的复习方法，合理安排时间，用更多的时间运动、休息。这样可以提高身心健康状态，也可以在考试中有更好的发挥。

根据结论，提出健康度过期末阶段建议。

谢谢大家！

案例分析

1

> 我对学生身心健康状况的口头报告
>
> 各位领导：
>
> 大家好！我是学生会主席郭小晶。
>
> 看到我的同学们每天上课睡觉、精神紧张，我感到心里很不安。我觉得应该想个办法帮助他们解决身心健康的问题。到底是什么原因导致学生身心健康不足呢？我决定和我们班的同学聊一聊。……

点评

题目不要写“我对……的口头报告”。口头报告的特点是写实性，应该在大量数据和事实的基础上，而不是通过和同学聊天儿得到调查结果。口头报告要用叙述性的语言，不要用“我感到”“我觉得”“我决定”等。

2

> 关于学生身心健康的口头报告
>
> 一、调查目的
>
> 最近，学生身心健康的问题引起了学生会的重视。此问卷的目的是对学生饮食习惯、家庭问题、学习压力和睡眠状态进行调查。
>
> 二、调查方法
>
> 通过采访同班同学进行调查。……

点评

开头应有称呼和介绍。口头报告要有针对性，所有的调查都应该针对一个问题展开，应该集中在身心健康上，不应该再加入“饮食习惯”“家庭问题”“学习压力”等方面。调查的对象应该具有广泛性，不应该只是采访班级同学。

3

> 关于学生身心健康的口头报告
>
> 尊敬的各位领导：
>
> ……
>
> 三、调查结果
>
> 调查显示：很多学生身心状态不佳。一些学生觉得焦虑。也有一些学生身心状况没有问题。
>
> 四、调查分析
>
> 造成学生身心状态不佳的主要原因是家庭不和，同学关系不佳，没办法和老师沟通等原因。……

点评

口头报告的结果必须是具体的数据和事实，只有这样才能进行严密的论证、找出正确的原因、得出科学的结论。不可以含糊地写“很多学生”“一些学生”，应该给出具体数据，如“八成”“80%”“五分之四”等。口头报告的分析应该是与问题紧密相关、有深度的。文章中对学生身心健康状况不佳原因的分析不够深入，关联性不强。

2.17.4 常用表达

✏ 标题

❶ ……的报告

❷ 关于……的口头报告

✏ 称呼

❶ 尊敬的各位领导

❷ 尊敬的各位负责人

✏ 开头

❶ 我是……，今天我将在这里向各位领导做关于……的口头报告。

❷ 我是学生会主席……。应同学们要求，今天我将在这里向有关领导做关于……状况的口头报告。

❸ 我是……。受……之托，我做了关于……的调查报告，下面我将以口头方式进行报告。

✏ 调查目的

❶ 为了更好地了解环境污染问题，我们决定对附近居民进行问卷调查。

❷ 针对青少年肥胖问题，我们对在校学生进行了调查。调查的目的是……

❸ 随着手机使用的普及，越来越多的同学因为玩儿手机影响了学习。这次

调查的目的是……

✏ 调查方法

❶ 此次调查通过问卷的方式进行，在高中一年级的学生中，共发问卷 100 份，收回……

❷ 通过电话采访、电子邮件等方式，……

✏ 调查结果

❶ 调查结果表明，超过百分之……的学生都有……症状。

❷ 值得注意的是，不喜欢运动的学生占相当的份额，有大约……分之……的学生不喜欢运动。

❸ 调查显示，……成的学生对……有充分了解。

✏ 调查分析

❶ 百分之……的学生……，主要是由于……

❷ 造成学生……的主要原因有……

✏ 建议

❶ 从上述调查结果看，影响……的因素主要有……，因而建议……

❷ 这次调查表明……。因此，我们建议……

2.17.5 作文练习

要求

SL：字数为 300-480，时间为 1h15m

HL：字数为 540-720，时间为 1h30m

1

主题	身份认同
题目	随着普通话的普及，讲方言的青少年越来越少。学生会对此现象进行了调查。请从下列的文本类型中选择一个，向学校领导汇报学生会调查的方法、调查的结果以及建议等。 小册子 | 文章 | 口头报告
作文提纲	

2

主题	体验
题目	随着全球化的发展，越来越多的人移民到不同的国家。你和同学一起对如何让移民快速融入新环境的问题做了调查。请从下列的文本类型中选择一个，向你们国家移民局的局长汇报调查的方式、结果、建议等。 博客 | 口头报告 | 辩论稿
作文提纲	

3

<table>
<tr><td>主题</td><td>人类发明创造</td></tr>
<tr><td>题目</td><td>为了了解学生上网的情况，学生会对全校同学的上网情况进行了调查。请从下列的文本类型中选择一个，向学校领导汇报学生会的调查方式、调查结果和建议。
<table><tr><td>口头报告</td><td>个人陈述</td><td>文章</td></tr></table></td></tr>
<tr><td>作文提纲</td><td></td></tr>
</table>

4

<table>
<tr><td>主题</td><td>社会组织</td></tr>
<tr><td>题目</td><td>现在有越来越多的家长在孩子小的时候就让孩子出国留学，你对小留学生的现象进行了调查。请从下列的文本类型中选择一个，向家长们汇报调查的方法、调查的结果、建议等。
<table><tr><td>评论</td><td>传单</td><td>口头报告</td></tr></table></td></tr>
<tr><td>作文提纲</td><td></td></tr>
</table>

5

主题	共享地球
题目	很多中学生在网络上遭受到网络欺凌，你对这种现象进行了调查。请从下列的文本类型中选择一个，向学校学生会汇报调查的方式方法、调查的结果以及相关的建议等。 新闻报道 | 口头报告 | 博客
作文提纲	

第三部分 模拟试题

3.1 普通课程模拟试题

Chinese B – Standard level – Paper 1

Mock paper

1 hour 15 minutes

Instructions to candidates

- Do not turn over this examination paper until instructed to do so.
- Complete one task.
- The maximum mark for this examination paper is **[30 marks]**.

从下面的题目中选一题作答。字数：300–480之间。

第一题

最近时常出现电动自行车撞伤行人，甚至撞死行人的事故。有人认为应该制止电动自行车在马路上行驶，但也有人认为电动自行车也有上路行驶的权利。请从下列的文本类型中选择一个来说明你的立场。

小册子	电子邮件	论文

第二题

你在中国旅行时不幸生了一场大病，被送到医院治疗。在那里，你得到中国医生和护士很好的照顾。请从下列的文本类型中选择一个向医院的院长说明你的经历，并表达感激之情。

感谢信	日记	演讲稿

第三题

科学技术不断进步，给人们的生活带来了越来越多的方便。有人认为科技也有不好的一面，使人与人之间的关系变得越来越疏远。请从下列的文本类型中选择一个来表明你的立场并论证你的观点。

信	辩论稿	传单

3.2 高级课程模拟试题

Chinese B – Higher level – Paper 1

Mock paper

1 hour 30 minutes

Instructions to candidates

- Do not turn over this examination paper until instructed to do so.
- Complete one task.
- The maximum mark for this examination paper is **[30 marks]**.

从下面的题目中选一题作答。字数：540–720 之间。

第一题

中国的一所语言学校最近要招一名兼职的中文老师，来教外国人说中文。你认为这是一个很好的工作、学习机会。请从下列的文本类型中选择一个向这所语言学校推荐你自己，说明为什么你适合这份工作。

博客	个人陈述	论文

第二题

社区管委会决定在小区里建立一家老人院，方便年轻人来照顾老人。社区居民对此有不同的看法和意见。请从下列的文本类型中选择一个说明你的看法。

访谈	文章	信

第三题

科学技术不断进步，给人们的生活带来了越来越多的方便。有人认为科技也有不好的一面，使人与人之间的关系变得越来越疏远。请从下列的文本类型中选择一个来表明你的立场并论证你的观点。

信	辩论稿	传单

第四部分 附录

4.1 学生作文点评

4.1.1 普通课程作文点评

学生作文

主席、家长、辩友，

大家好！今天的辩题是“科技的利和弊”。我方统一科技有比较多的弊的看法。下面是我的看法。

首选，科技发展日新月异，不但让我们的交通更便利，而且拉近人与人之间的距离。科技可以让互联网帮且更新朋友。互联网无处不在，科技可以交流，送来很多信息。

二次，有人认为恰恰不同。科技让人们变得更不好。我觉得斗技的发展，有好有坏。科技不能讲话，人们的际人关系很否也很地。

如果，不让科技影向人际关系，我门就不要用科技。

综合我的论点，我方强周“科技的利于弊”。

谢谢！

祝好

我方

ⓘ 考官点评

评分标准	分数段	点评
标准 A：语言	4–6	❶ 能运用与题目相关的词汇，使用的语言词汇适合文本类型。 ❷ 能有目的性地使用成语，如“日新月异”。 ❸ 能有效地使用各种简单句及复杂句，如“不但……而且……”“如果……就……”，以加强讯息的传达。 ❹ 错别字太多，语言运用不够准确清晰，一些错误妨碍了语意表达。
标准 B：讯息	4–6	❶ 辩论稿要有自己的立场。前面的立场是讲科技的弊端，但是观点一“首先（首选）”一段却写科技的好处，前后矛盾。 ❷ 在观点二“其次（二次）”一段写科技的弊端，作者虽然陈述了观点，却没有展开。 ❸ 最后部分没有支持自己的观点，概念模糊不清，无法回应题目要求。 ❹ 字数不够，导致相关细节的描述不够充分，使得讯息难以清楚传递。
标准 C：概念性理解	3–4	❶ 所选用的文本类型为辩论稿，能配合语境、写作目的及受众。 ❷ 能运用恰当的语气，配合题目要求。 ❸ 辩论稿的结尾写成了书信的格式，不符合文本类型的写作惯用手法。

4.1.2 高级课程作文点评

学生作文

小乐

你好！今天我给你一个信。想和你辩论“科技打底好不好”。我方觉得科技发展日新月异让人际关系变得更加今漠。下面是我方的 li 由。

人与人之间的距离当然可以用科技的帮忙来拉近距离的。现在的年轻人因为长用与科技而坏了家境和关系。大家都明白首脑和手机里有游戏很多，很多同学都花很多时间在游戏上。不但让学习不好，因此，大多数的年轻人在现在是不会缺少电脑游戏着迷的对象。因为每个家里都有电脑，所以家里的小朋友都在很 young 的年 ji jie 处到社交 ____ 体和吸引力。我们打了以后，对科技的以累性 shi 在太了。很多年轻人一直坐在房间里过头了打游戏，不和家长谈话。如果这样的事情一直发生，家 ting 就会有冲突。电脑也会把家庭搞坏，因为买电脑游戏需要花钱，很多家长不让买的，小孩子就会去偷。因为他们要跟朋友夸大他们买了什么，然后他们的头像就会排在朋友圈的最上面。家长知道后，就会有一阵毒打。孩子和家长吵架后，关系就更冷漠了。

同时，我们感觉到，科技让我们变得不爱讲话，也不爱跟别人沟通。科技把我们变成了低头族，剪短了朋友之间的关系。母天，学生们一下课都会看手机，吃饭时看脸书、推特等社交媒体，晚上回家就看电脑上的影片。很少有学生会把朋友坐下来面对面沟通了。

如果我们每日每天每夜地看手机，我们就会变得更孤独，没办法和老师、家长、同学沟通。这不但对学校不好，也会影响同学们的关系。

总的来说，我方认为科技的发展让年轻人的关系变得更冷，破坏了家镜，网络也让我们面对面沟通变少。这是我的立场。

谢谢！

祝好

我方

ⓘ 考官点评

评分标准	分数段	点评
标准 A：语言	4–6	❶ 能运用与题目相关的词汇，使用的语言词汇适合文本类型。 ❷ 能有目的性地使用成语，如“日新月异”。 ❸ 能有效地使用各种简单句及复杂句，如“因为……所以……”“如果……就……”，以加强讯息的传达。但也有关联词使用错误，如“不但……因此……”。 ❹ 错别字、拼音、英文太多，语言运用不够准确清晰，一些错误妨碍了语意表达。
标准 B：讯息	4–6	❶ 拼音和英文阻碍信息的沟通。 ❷ 论证不充分，缺少辩论的现场感。 ❸ 最后部分的思想观点和题目相关，但没有充分展开。 ❹ 会使用“总的来说”总结自己的观点。
标准 C：概念性理解	1–2	❶ 所选用的文本类型为书信，不能配合语境、写作目的及受众。 ❷ 格式是书信，内容却是辩论稿。 ❸ 不能有效运用适合文本类型的写作惯用手法。

4.2 主题好句精选

4.2.1 身份认同

✏ 生活方式

❶ 健康的生活方式就是合理饮食、适量运动、心理平衡。

❷ 健康的生活方式对于现代人来说真的太重要了。它是我们工作、学习、保持身体健康的重要基础。

❸ 俗话说“世上本无事，庸人自扰之”，生活中的很多烦恼和痛苦，都来自于烦躁不安的内心，不仅影响心情，还影响身体健康。

❹ 乔布斯的一生将极简主义的生活方式发挥得淋漓尽致。

❺ 低碳生活是一项符合时代潮流的生活方式。

❻ 这种生活方式不仅获得了成功人士的青睐，还被越来越多的年轻人认可。

❼ 科技的进步正悄悄改变着传统的生活方式。

❽ 互联网改变了青少年的生活方式，也改变了他们的思维方式。

❾ 网络购物改变了我们的生活，更改变了我们的习惯。

❿ 这次刷脸购物的体验，真是令人终身难忘。

✏ 健康和幸福

❶ 现代社会生活节奏太快，大多数市民难以挤出时间做运动，常常忽视了身体健康。

❷ 调查显示，超过九成的年轻人都有亚健康症状，应该引起重视。

❸ 健康是指一个人在身体、精神等方面都处于良好的状态。

❹ 幸福是心理上的一种满足感。

❺ 影响健康与幸福的因素有生活方式、饮食习惯、心理状态等。

❻ 充足的睡眠、均衡的饮食、适量的运动可以让自己精神饱满、精力充沛。

❼ 健康的饮食有利于人们保持乐观、开朗的心情，做事也比较专心、高效。

❽ "病从口入"，你应该少吃肉、多吃素食，这样才能改善你的身体状况。

❾ 工作压力大、经常吃快餐、食无定时是现代人的生活写照。

❿ 不健康的节食可能会导致厌食症。

✏ 信念和价值观

❶ 信念是为了自己的目标而不懈努力的坚定想法。

❷ 信念是激发一个人潜在能力最重要的因素，信念可以给人以惊人的力量。

❸ 价值观大多来源于你从小到大所受的教育、所处的环境、所经历的事件。

❹ 在我们的人生中，经常会遇到价值观和别人不同的情况。我们应该了解、尊重别人的价值观，与他们和谐相处。

❺ 这个故事告诉我们什么道理呢？相信自己，永不放弃。

❻ 人生在世，最大的敌人不是别人，是自己！我们要挑战自我，超越平凡。

❼ 没有等出来的美丽，只有拼出来的辉煌。

❽ 失败时不要自暴自弃，要勇于挑战自我，抛开顾虑，勇敢去做。人生最痛苦的不是失败，而是因为害怕失败而不敢尝试。

❾ 不管你现在的成绩怎么样，不管你现在的基础怎么样，只要有奋斗的目标，不懈努力，你就有成功的机会。

✏ 次文化

❶ 次文化，也称亚文化，是指与主流文化相对应的非主流、局部的文化现象。

❷ 次文化不仅包含与主流文化相同的价值观，也有属于自己的独特观念。

❸ 次文化包括网络文化、粉丝文化、宅文化、涂鸦文化等。

❹ 表情包是利用图片来表达感情的方式，是通过网络传播形成的一种流行文化。

❺ 希望这个制作指南能让大家对表情包的制作有更深的认识，快速制作出属于自己的表情包。

❻ 粉丝文化是指个人或群体为自己喜爱的偶像过度付出的一种文化现象。

❼ 所谓宅文化是指一种现代流行的，热衷于待在家里的文化浪潮。

❽ 建议年轻的“宅男”“宅女”们走出家门，积极地面对真实的社会。亲身体验远比在电脑上获取的信息更加宝贵。

❾ 火星文是融合了各种语言符号来替代汉字的次文化用语。它通过网络聊天儿工具、网络游戏传播，给年轻人的生活增添了另一番情趣。

✏ 语言与身份认同

❶ 语言并不只是简单的交流工具，它更是一个人认知世界的载体。

❷ 语言是文化的载体，想要深入了解一个地方，就需要了解当地的语言。

❸ 语言是一个人社会身份的标志。

❹ 语言是素养的体现。一个有良好修养的人，在与别人交流时会使用得体的语言，让对方感到舒服。

❺ 方言的繁荣是社会包容性的一种体现。

❻ 母语和自己的民族、文化相联系。无论是传承先辈吃苦耐劳的精神，还是与祖辈之间的情感联系，母语都发挥着重要作用。

❼ 语言是文化的根基。如果年轻人失去了说母语的能力，那是一个民族的悲哀。

❽ 学生不喜欢学习母语可能有三方面的原因：对母语的认同感、母语的使

用环境和母语本身的难易度。这三方面的原因环环相扣，互相影响。

4.2.2 体验

✏ 休闲活动

❶ 传统的休闲活动如下棋、种花、养鱼等渐渐被新的休闲活动所取代。

❷ 养养花、下下棋、钓钓鱼可以让老年人退休后的生活更加丰富多彩。

❸ 练字可以磨炼心性、提高修养，还有利于同学们理解中国的传统文化。

❹ 插花不仅可以培养创造美的能力，更可以培养欣赏美的能力。

❺ 看电影也是一种学习。每部电影都是一种人生的可能性，可以让你的阅历更丰富，心情也可以得到调整。

❻ 攀登高山能锻炼同学们的体力和意志力。

❼ 打羽毛球是运动量很大的活动，可以消耗热量，是非常好的减肥运动。

❽ 游泳是在水中进行的运动，与陆地上的运动截然不同。游泳时，由于水中的阻力大，全身肌肉的工作量加大，也使心脏的工作量增加，锻炼的效果很显著。

❾ 长跑可以结交很多朋友，大家一起参加比赛、交流心得，还可以以团体的形式参加比赛。这些都大大增加了长跑的乐趣。

❿ 建议你走出家门，爬爬山、骑骑车、打打球，做一些健康的户外休闲活动，可以放松心情、强身健体。

✏ 假日和旅行

❶ 所谓“读万卷书，行万里路”，就是告诉我们要在旅途中成长。

❷ 旅行是一个开阔眼界、增长见识的好机会。在陌生的环境中行走，可以体验当地的风土人情，领略不同的民俗文化，形成开放的心态。

❸ 到世界各地去旅行，可以欣赏当地的美景、了解那里的历史、品尝异域

的美食，还可以交到新的朋友。

❹ 旅行可以减轻人们学习、工作的压力，让人们获得内心的平静。旅行之后，心态会更加放松。

❺ 旅行的时候可以做另一个自己，可以尝试许多平时生活中不会做的事情，又新鲜又充实。

❻ 自由行可以培养我们查询信息、安排活动、随机应变的能力，自由行的路上还可以结交到很多志同道合的朋友。

❼ 这次自助游的经历，虽然时间短暂，但让我受益匪浅。

❽ 中秋将至，大街小巷到处都是浓浓的中秋氛围。

❾ 一年一度的中秋节庆祝活动在滨海湾顺利举行。当天，来自各地的市民欢聚滨海湾，共同欣赏来自中国的民俗表演、参与中国传统的游戏活动。

❿ 为了弘扬龙舟精神、传承民族文化，2020 年“端阳杯”龙舟赛将在美丽的杭州西湖举行。

✏ 生活故事

❶ 经历是人生不可或缺的一部分，是人生的一笔重要财富，需要用心体会。

❷ 世界万物变化不断，春去秋来，花开花落，无不给我们以人生的启示。

❸ 做义工不但能帮助他人、锻炼自己，还能亲身体验不同的生活、加深对社会的认识。

❹ 义工活动是不求回报的。用自己的微薄之力去帮助别人，可以获得满足感、塑造自己美好的心灵。

❺ 输，对年轻人来说，是一种很好的人生经历。

❻ 生活本没有输赢，但如果你有了胜负心，那就是输家。

❼ 在面对疾病时，很重要的一点是保持好的心态。要乐观积极、充满信心，才可以战胜疾病。

⑧ 生病的经历让我感受到健康的可贵。

⑨ 很感谢这次打工经历，让我的人生阅历更加丰富，懂得了许多道理。

⑩ 打工既可以充实生活，又能勤工俭学，还可以挑战自我。

✏ 生活礼仪

❶ 礼仪的学习有助于自身形象的树立，在与人交往中留下彬彬有礼、温文尔雅的美好形象。

❷ 总之，礼仪可以规范我们的言谈举止，教会我们待人接物，帮助我们塑造良好的形象。

❸ 在此呼吁大家遵守公共礼仪，共同营造一个文明有序的乘车环境。

❹ 如果我们都能以礼待人，人和人之间将变得更和睦，生活将变得更美好。

❺ “不学礼，无以立”，要想在社会上独立生活，除了应具备一定的专业技能外，还必须了解与人相处的礼仪规则。

❻ 注重礼仪是每个人立足社会、成就事业、打造美好人生的重要条件。

❼ 通过社交，人们可以沟通心灵、建立友谊、获得支持与帮助。通过社交，人们可以互通信息、共享资源，取得事业上的成功。

❽ 礼物是一种感情投资，可以缩短人与人之间的距离，便于人们的沟通、交流。

❾ 一个人是否具有良好的教养，不在其光鲜亮丽的外表，而在其举手投足间。教养是一个人认知水准、学识素养的真实反映。

❿ 仪式感会使某一天与其他日子不同，使某一时刻与其他时刻不同。即便一个人时，也要爱自己，也要对生活负责。

✏ 风俗与传统

❶ 风俗是在特定的社会文化区域内，人们共同遵守的行为模式或规范。

❷ 所谓“百里不同风，千里不同俗”反映了风俗因地而异的特点。

❸ 端午节吃粽子、看龙舟赛，这是一种文化的符号，也是一种历史的传承，可以让小孩子形成对中国传统文化的认同感、自豪感。

❹ 用微信发红包得到越来越多年轻人的喜爱，逐渐成为了一种新时尚。

❺ 用微信发红包只是一种游戏。长辈给孩子的红包还是要遵守传统习俗，才显得庄重，才有仪式感。

❻ 传统风俗习惯与现代生活之间有越来越多的矛盾、冲突，比如燃放爆竹虽然能增加节日气氛，但它的负面影响也不能忽视。

❼ 燃放爆竹除了污染空气外，还会产生噪音，影响正常的工作和生活，甚至有可能引起火灾，导致人员受伤。

❽ 社会在进步，我们不但要尊重风俗习惯、继承传统文化，也应该改变其中不适宜的部分。

❾ 古老的风俗习惯只有融入现代文明生活，在不损害公众利益、不影响他人生活的前提下，才能不断传承下去。

✏ 迁移

❶ 人口迁移中经济原因是主要的，很多人为了摆脱贫困、改善生活或谋求事业的成功而选择移民。此外，政治、宗教、文化及战争也可能导致迁移。

❷ 移民带来的改变是巨大的，生活跳出了原有的模式，走上了另一条轨道，拥有了更多的可能性，生命的边界也拓宽了。

❸ 对于移民到另一个国度的人而言，移民就像给人生重新开了一局。这一局的规则完全不同，可以有无限可能，可以有各种期待。这是一种难得的人生体验。很庆幸我能有这样的机会！

❹ 当你有了自己的价值观和宽广的眼界的时候，很可能会与之前的文化、生活习惯产生矛盾、冲突。

❺ 由于生活方式不同，思维方式也不一样，很多留学生在一开始很难融入

当地的生活。但只要拥有开放的态度、勇于尝试新事物、尊重当地的风俗习惯，留学生涯就会变得更顺利。

❻ 出国留学给了我们一个新的世界去成长。我们可以在新的环境中去探索未知的美好。

❼ 出国留学可以培养孩子的独立自主性，无论是从生活能力、理财能力还是交际能力的角度看，都是不错的锻炼机会。

❽ 中学生年龄小，自控能力差，人生观尚未成熟。小小年纪就出国留学，很容易被错误的观念误导。另外，安全也是很多家长担心的问题。

❾ 有机会在国外接受良好的教育当然很好。但中学生毕竟年龄尚小，自制力不够，心智也未成熟，盲目出国可能会得不偿失。

❿ 温暖的家庭是孩子成长过程中非常重要的因素。太早送孩子出国学习，失去了父母的陪伴、支持、引导与监督，孩子的身心健康都会受到影响。

4.2.3 人类发明创造

✏ 娱乐

❶ 休闲娱乐活动可以帮助人们缓解工作、学习中的压力。

❷ 现代人的生活压力巨大，需要娱乐活动来进行放松，人们对休闲娱乐的需求越来越强。

❸ 丰富的娱乐活动让人们的生活更加丰富多彩，人们也可以释放压力、调节身心状态、振奋精神积极地生活。

❹ 手机的作用主要为通讯，可以方便人们的沟通。现在的智能手机，除了通讯外，还有很多娱乐功能。一方面，智能手机使我们的生活更加方便，也让我们可以随时随地放松自我，另外一方面，也有一些自控力不强的学生玩儿手机上瘾。

❺ 过多的娱乐活动也会带来问题。例如，许多学生沉迷于网络游戏，对学习产生负面影响，甚至有的学生因为打游戏考试不及格、被学校开除。

❻ 在我看来，我们应该保持娱乐和学习之间的平衡。合理地安排我们的时间至关重要，只有这样，休闲娱乐才能为我们带来更多的好处。

❼ 人进入老年期之后，难免会有孤独的感觉。老年人练拳做操、切磋棋艺、打牌聊天儿，都能增进朋友之间的感情，有助于消除寂寞感。

❽ 娱乐对老年人来讲既是一种消遣，又是一种锻炼。好的休闲娱乐活动有助于老年人锻炼思维、保持智力。

✏ 各种艺术表现形式

❶ 艺术包括音乐、舞蹈、绘画、戏剧等。这些艺术形式都有助于提升我们对世界的整体认知水平。

❷ 艺术是生活中不可缺少的一部分，在人的生命中扮演着十分重要的角色。人们可以在艺术中找到一种平衡、一种乐趣、一种解脱。

❸ 艺术可以提高你的修养，陶冶你的情操，还可以打开你的眼界，让你的思维更加活跃。

❹ 艺术不仅能培养孩子对生活的欣赏力、表现力，还有利于发展儿童的观察能力、想象能力、创造能力。

❺ 艺术教育对孩子形成健康、积极、乐观向上的人格起到正面作用。

❻ 学习舞蹈可以让自己的身体协调，形体优美；还可以增强毅力，培养自控力；另外也有助于形成集体荣誉感。

❼ 学习美术的好处很多，可以激发创新意识、增强好奇心、培养形象思维、增强记忆力。

❽ 学习音乐不仅可以陶冶情操，还可以培养毅力和想象力。学习音乐也是调节情绪的好方法，能够使自己的精神放松。

⑨ 用心灵捕捉的画面才是真正的艺术。学习摄影可以提高我们的审美能力和共情能力，还可以加强我们对生活、生命的观察、思考。

⑩ 艺术充实了我的生活，让我充满活力。我要为自己的梦想而奋斗，不管多苦多难，都不放弃对艺术的追求。

✏ 交流与媒体

❶ 现代社会生活节奏快，大城市通勤时间长，这些因素让越来越多人的时间碎片化。碎片化阅读、碎片化学习变得越来越流行。

❷ 随着互联网的普及，人们每天接触的信息量越来越大。很多人都会感到焦虑，不断地利用碎片时间获取最新的资讯。

❸ 快节奏的生活使许多人的精神文化生活变得贫乏，手机可以帮助人们排解内心的孤单、空虚感。

❹ 低头族，是指总是低头看屏幕、生活离不开手机的人。手机虽然是交流的工具，但过分依赖手机容易影响人与人之间面对面的沟通。

❺ 随着生活方式、沟通方式的改变，我们一不小心就会成为低头族。平时要尽可能缩短低头看手机的时间，同时还应注意多做伸展运动等。

❻ 有研究表明，长时间接触电视、电脑、手机，脑部过度刺激，容易使注意力难以集中。

❼ 通过社交媒体，我们可以扩大人际交往圈子，结交来自世界各地的朋友，分享学习心得，交流生活经验。

❽ 青少年思想不成熟，辨别是非的能力弱。这些特点使青少年容易被社交网上的骗子欺骗。

✏ 技术

❶ 我们的祖先，他们没有手机、电脑，没有先进的科学仪器，仍能做出震惊世界的实验，仍能创造光辉灿烂的文化。

❷ 科技和我们的日常生活息息相关，在我们的生活里扮演着不可或缺的重要角色。有了先进的技术，我们的生活更加快捷方便、丰富多彩。

❸ 先进的技术将我们带进了一个新的世界，我们不仅可以从中获得快乐，还可以学到知识、收获灵感。

❹ 由于技术进步，我们的世界变得越来越小，人与人之间的距离也越来越近。

❺ 网络的应用日益广泛，我们可以在网上和天南地北的亲友聊天儿、打游戏；可以在网上读新闻、看电影；可以在网上听网课、查资料……

❻ 人们在享受现代技术提供的种种便利的同时，也面临着很多问题。

❼ 科技产品应该致力于更好地服务于人，而不应成为人们的"精神鸦片"。

❽ 我们应该如何利用那些被现代技术解放出来的时间呢？可以走出家门散个步，好好思考一下这个问题。

✏ 科学创新

❶ 科学技术是人类改造自然的工具，是推动社会发展的重要力量。科技的每一次创新都是人类文明史上的飞跃，都具有跨时代的意义。

❷ 随着科技的发展，人类文明又向前迈进了一大步。从以前的马车变成了汽车，从以前的油灯变成了电灯……

❸ 科技的发展推动了工业的进程，科技的发展使人类过上了美好的生活。

❹ 科技发展是社会进步的动力。没有科技的进步，哪来今天的幸福生活？没有科技的进步，哪来优越的物质条件与丰富的精神享受？

❺ 这个时代，只有一件事永远不变，就是变化。我们不应该成为不愿做出改变的守旧者。

❻ 科学技术的发展和进步，消耗了大量资源，破坏了生态环境，带来了严重的污染问题，也给其他物种带来了灭顶之灾。

❼ 无人驾驶汽车可以合理规划驾驶路线，有助于缓解道路拥堵现象，可以

更加合理地利用道路资源。

❽ 总的来说，无人驾驶汽车会给我们的生活带来很多方便，既可以节省时间，又可以节约劳动力。

4.2.4 社会组织

✏ 社会关系

❶ 中国有句老话“家和万事兴”。我们应该经营好自己的家庭生活，让家庭成为我们温暖的港湾、坚强的后盾。

❷ 如果家庭氛围好，孩子就会有安全感。这样的孩子往往更加活泼开朗，性格也更加健全。

❸ 家庭是孩子心灵的港湾。父母之间的感情深厚，孩子的内心才会充满安全感。这也有利于孩子和他人建立亲密关系、和谐相处。

❹ 所谓良好的社会关系是指与家庭成员关系融洽、与朋友联系紧密、经常参加社交活动等。

❺ 社会关系对我们的心理健康和生理健康都有非常重要的影响。多与他人交往不仅可以减轻精神压力，还有助于提高身体免疫力。

❻ 建立良好的人际关系，可以让你的工作、生活更加顺利，也可以让你在遇到困难时获得帮助。

❼ 良好的人际关系对身心的积极影响就好比健康的生活习惯，而极其缺乏社交的害处也与缺乏运动、抽烟、酗酒导致的不良后果类似。

✏ 社区 / 群体

❶ 社区的领导和工作人员对我们的日常生活给予了关怀和照顾。

❷ 多年以来，每次需要帮助的时候，无论大小事，社工们都会第一时间赶到我们身边。

❸ 我们全家都非常感谢社工的照顾，也非常认同社工所倡导的“包容、接纳、理解、倾听”的价值观。

❹ 我们不知道该如何表达对社区的感谢之情。能生活在这样一个社区里，遇到这样细致、用心的社工，我们感到十分幸福、温暖。

✏ 社会参与

❶ 当今世界需要科技人才，更需要善良的人。作为学校的爱心大使，我曾到台湾为地震灾民尽自己的一份力。

❷ 在地震灾区的经历让我深知做义工的责任以及团队合作的重要性。

❸ 现代人的学习早已不局限于在学校的学习。学习需要与社会实践相结合，在社会参与中才能实现人的社会化。

✏ 教育

❶ 随着时代的进步，社会对教育越来越重视。教育是一个国家的立国之本。

❷ 父母与孩子接触的时间最长，家庭教育是最重要的。学习并不只是学知识，还要学做人。

❸ 父母平日的言传身教对于孩子品格的培养起着重要作用。

❹ 一个人成就的大小，很大程度上取决于他所接受的家庭教育。

❺ 清华大学的历史、文化、精神深深地吸引着我，我非常赞同清华大学“自强不息，厚德载物”的理念。

❻ 学习新的语言、接触不同的文化是国际教育中不可或缺的一部分。

❼ 随着科技的发展和人工智能时代的到来，如何培养学生的创新能力、探究能力引起了越来越多人的关注。

✏ 职场

❶ 在职场中最关键的一点就是找准自己的职场定位，知道自己是谁、适合

做什么工作，并且告诉别人自己是谁、擅长做什么。这有助于在职场中更好地与他人合作，取得事业上的成功。

❷ 想要在职场中立于不败之地吗？拥有良好、和谐的人际关系是获得事业成功的法宝之一。

❸ “经过一万小时的练习，任何人都能从平凡走向卓越”，这就是著名的“一万小时定律”。

❹ 成功与失败往往只有一步之差，我们年轻人切不应因为懒惰而与成功失之交臂。

❺ 年轻人对未来充满了向往，有勇气去面对、接受成功路上的困难与挑战。

❻ 年轻人应该有对事业、人生的追求和计划。不管是眼前的生存大计还是长远的人生规划，都要有个目标。

❼ 有了目标才能知道努力的方向，才能一步一步登上更高的阶梯。没有目标就很难摆脱混沌的状态，人生看不到希望，也没有前途可言。

✏ 法律与秩序

❶ 法律的作用是维护社会秩序，保障人们的安全与利益。

❷ 学校有严格的规章制度，遵守学校的规章制度对于培养孩子的法制观念也是有帮助的。

❸ 为了更好地管理班级，帮助同学们养成良好的学习、生活习惯，特制定本班的班规。

❹ 俗话说“没有规矩，不成方圆”，网络上的言论自由并不是绝对的自由，也要受到法律的约束，只有在遵守法律的前提下才能自由。

❺ 在信息爆炸的时代，人人都可能成为虚假消息的传播者。

❻ 散播谣言犹如散播病菌，如果不进行控制，会有非常严重的后果。

4.2.5 共享地球

✏ 环境

❶ “保护环境，人人有责”，这是人们常说的一句话。在现实生活中，我们却常常忽略了保护环境的重要性。

❷ 如果我们不保护环境，生态环境会遭到破坏；如果我们不保护环境，人类会面临灭顶之灾；如果我们不保护环境，不仅是人类，地球也会逐渐走向灭亡！

❸ 只要全民动员起来，从我做起、从身边的小事做起，持之以恒，就一定能建起保护环境的绿色长城。

❹ 人类与自然需要和谐共处，保护自然就是保护人类自己。自然为人类提供了资源，如果自然遭受破坏，那么人类的生存和发展也会受到威胁。

❺ 我们应自觉养成良好的生活习惯，在日常生活中珍惜资源、厉行节俭、防止浪费，为人类的永续生存与发展尽绵薄之力。

❻ 每天在有雾霾的环境中生活，不但身体不健康，心情也很压抑。

❼ 大家应该低碳生活，绿色出行，多乘坐公共交通，减少汽车的废气污染。

❽ 根据世界卫生组织的研究，噪声污染已成为继空气污染之后影响人体健康的重要因素。

❾ 专家介绍，出现在耳边的各种噪声会使人们心情烦躁、难以入睡，会影响正常的工作、学习和生活。

❿ 这些使用方便、价格低廉的塑料包装材料确实给人们的生活带来了诸多便利。但另一方面，这些塑料产品在使用后被随手丢弃，造成了“白色污染”，给环境带来了极大的危害。

⓫ 上到高山，下到深海，到处都有塑料污染的影子，不仅严重威胁人类的健康，还会影响生态环境。

⑫ 我们应该鼓励大家使用环保购物袋。超市、商场、集贸市场等应该实行塑料购物袋有偿使用制度，不免费提供塑料购物袋。

✏ 和平与冲突

❶ 在世界的另一些角落里，很多人正在遭受战争的摧残。

❷ 只有亲身经历，才能真正认识到国家的安定与和平是多么的珍贵。

❸ 倘若我们将花费在战争上的金钱用来救助那些正忍受饥饿、病痛的难民，世上可以增添更多的和平与幸福。

❹ 战争过后会有一系列问题出现，如孤儿、疾病、经济萧条等。

❺ 核武器会对自然环境和人类自身造成巨大伤害，所以要禁止使用核武器。

❻ 反恐演练是为了增强居民反恐、防恐意识，提高居民反恐、防恐能力。

❼ 恐怖袭击给世界带来了巨大的伤害和灾难。我们应该联合起来，一起呼吁和平、反对恐怖袭击。

❽ 只有彼此信任，才能在工作中减少摩擦，及时化解不必要的冲突。

✏ 平等

❶ 这些不平等现象的存在，深深地刺痛了社会敏感的神经。

❷ 我认为作为年轻人只要有能力，就应该回馈社会，向有需要的人伸出援手。

❸ 作为年轻人，我们应该关心、帮助弱势群体，让他们体会到社会的关爱与温暖。

❹ 如果每个人都尽自己的一份力量，社会将充满正能量。

✏ 全球化

❶ 在通讯和交通高度发达的今天，每个人都能深切地感受到全球化的影响。

❷ 在全球化的浪潮中，我们应保持开放的心态与不同文化的人平等交流。

❸ 经济全球化既是机遇，又是挑战。全球化有利于引进、吸收先进的科学

技术，同时也会对传统文化造成巨大的影响。

❹ 全球化对于本土文化来说是一把双刃剑。虽然全球化可以大大促进本土文化的推广，但也会使得本土文化的内涵变得模糊，甚至丧失。

❺ 在全球化中，如何保护自己的传统文化、维护民族的独立和尊严，是每个市民应该思考的问题。

❻ 在全球化背景下，春节这个中国人最为重要的传统节日逐渐成为沟通全人类情感的桥梁和纽带，可以增进世界各民族之间的交流与了解。

❼ 在全球一体化的今天，当承载本土文化的母语和世界通用的英语发生冲突的时候，应该如何保护自己的传统文化，是我们年轻人要思考的问题。

❽ 当今社会，处于弱势的民族语言正面临着巨大的冲击，其社会实用功能正在逐渐弱化。我们应该采取积极有效的措施去保护民族语言。这有利于人类文明的传承和发展，也有利于民族团结、社会安定。

✏ 伦理

❶ 生命是值得尊重的，人的尊严也应该保持。尊重生命和保持尊严在某些情况下是冲突的，我们应该具体问题具体分析。

❷ 在网络社会，不道德的行为处处可见，例如商业欺诈、散布虚假信息等。

❸ 利用病毒或信息技术盗取他人密码会给个人及社会造成巨大的经济损失。

❹ 克隆人技术涉及到伦理问题，它将冲击传统的家庭关系，可能造成一系列难以估量的问题。

❺ 食品安全问题是当代社会伦理道德危机的一种表现，它破坏了人与自然、人与人之间的和谐关系。

4.3 常用关联词语

4.3.1 表并列

一方面……一方面……

一边……一边……

一会儿……一会儿……

有时……有时……

既……又……

又……又……

不是……而是……

是……不是……

4.3.2 表顺承

首先……然后 / 后来 / 再……

……就 / 接着 / 于是……

一……就……

刚……就……

4.3.3 表选择

或者……或者……

要么……要么……

不是……就是……

是……还是……

与其……不如……

宁愿……也不……

4.3.4 表递进

不仅……还……

不光……也……

不但……而且……

不但不……反而……

……甚至……

……何况……

4.3.5 表转折

虽然……但是……

尽管……可是……

……却……

……然而……

4.3.6 表条件

只要……就……

一旦……就……

只有……才……

除非……才……

……要不然……

无论 / 不论 / 不管 / 任凭……都 / 也……

4.3.7 表假设

……那么……

如果 / 要是 / 假如 / 万一……就 / 便……

即使……也……

纵使……也……

4.3.8 表因果

因为……所以……

由于……因此……

之所以……是因为……

……是由于……

……因而……

既然……就……

4.3.9 表目的

……以便 / 为的是……

……以免 / 免得……

4.4 常用成语俗语

A

爱不释手

爱莫能助

爱屋及乌

碍手碍脚

按部就班

B

八九不离十

八字没一撇

白日做梦

白手起家

白纸黑字

百尺竿头更进一步

百发百中

百里挑一

百闻不如一见

百折不挠

半途而废

不负众望

不顾一切

不管白猫黑猫，捉住老鼠就是好猫。

不管三七二十一

不假思索

不见棺材不落泪

不经一事，不长一智。

不可同日而语

不入虎穴，焉得虎子。

不听老人言，吃亏在眼前。

不同凡响

别具一格

兵来将挡，水来土掩。

病急乱投医

波澜壮阔

不到黄河心不死

不费吹灰之力

不分青红皂白

不务正业

不要把鸡蛋放进一个篮子

不要在一棵树上吊死

不知天高地厚

不撞南墙不回头

不自量力

C

擦边球

才华横溢

惨不忍睹

仓皇失措

苍蝇不叮没缝的蛋

沧海一粟

藏龙卧虎

操之过急

草草了事

层出不穷

差强人意

差以毫厘，谬以千里。

拆东墙，补西墙。

柴米油盐

畅所欲言

趁热打铁

成千上万

吃小灶

吃一堑，长一智。

持之以恒

愁眉苦脸

丑媳妇早晚要见公婆

出风头

出口成章

吹胡子瞪眼睛

吹毛求疵

从容不迫

催人泪下

长话短说

长江后浪推前浪

D

E

F

发扬光大

丰富多彩

风和日丽

风雨同舟

风雨无阻

G

赶鸭子上架

高不成低不就

胳膊肘往外拐

隔行如隔山

隔三差五

各抒己见

根深蒂固

耿耿于怀

刮目相看

挂羊头，卖狗肉。

拐弯抹角

光打雷不下雨

光明正大

光阴似箭

广而告之

果不其然

过犹不及

H

海枯石烂

含饴弄孙

汗流浃背

行行出状元

好了伤疤忘了痛

好善乐施

花无百日红

花言巧语

化为乌有

画蛇添足

话不投机

换汤不换药

好事多磨

喝倒彩

喝墨水

喝西北风

和风细雨

猴年马月

焕然一新

绘声绘色

昏天黑地

昏头昏脑

火冒三丈

火上浇油

J

鸡毛蒜皮

急于求成

挤牙膏

家喻户晓

夹生饭

兼而有之

捡了芝麻，丢了西瓜。

见多识广

见缝插针

见仁见智

见义勇为

剑拔弩张

交白卷

绞尽脑汁

矫枉过正

揭伤疤

斤斤计较

今非昔比

津津乐道

津津有味

筋疲力尽

近水楼台先得月

近朱者赤，近墨者黑。

惊慌失措

精诚所至，金石为开。

精打细算

井井有条

九牛二虎之力

久而久之

举世闻名

举世瞩目

据理力争

解铃还须系铃人

聚精会神

K

开后门

开卷有益

开门见山

开小灶

侃大山

慷慨激昂

靠山吃山，靠海吃海。

可圈可点

空洞无物

空口说白话

空头支票

空无一人

口口声声

口是心非

苦不堪言

苦口婆心

夸大其词

夸夸其谈

宽宏大量

狂妄自大

L

来龙去脉

来日方长

朗朗上口

老鼠过街，人人喊打。

了如指掌

雷厉风行

雷声大雨点小

冷暴力

理直气壮

量力而行

寥寥无几

撂挑子

烈火见真金

林林总总

临门一脚

临时抱佛脚

琳琅满目

路不拾遗

力争上游

良师益友

良药苦口

路遥知马力，日久见人心。

驴唇不对马嘴

M

麻雀虽小，五脏俱全。

马后炮

满堂彩

满招损，谦受益。

冒天下之大不韪

没有不透风的墙

眉毛胡子一把抓

美不胜收

名不正，言不顺。

名副其实

名满天下

摩肩接踵

磨刀不误砍柴工

磨洋工

莫须有

目空一切

目中无人

N

拿手好戏

耐人寻味

能言善辩

宁为玉碎，不为瓦全。

怒气冲冲

P

赔了夫人又折兵

平易近人

迫不及待

破罐子破摔

Q

七上八下

起早贪黑

千方百计

千钧一发

千里迢迢

千里之堤，溃于蚁穴。

千里之行，始于足下。

千奇百怪

千载难逢

千姿百态

牵一发而动全身

前车之鉴

前功尽弃

前怕狼后怕虎

前人栽树，后人乘凉。

前事不忘，后事之师。

巧妇难为无米之炊

青红皂白

轻而易举

倾盆大雨

清官难断家务事

情同手足

秋风扫落叶

秋高气爽

求爷爷告奶奶

全心全意

R

热火朝天

热泪盈眶

人不可貌相，海水不可斗量。

人非圣贤孰能无过

人声鼎沸

人在江湖，身不由己。

仁者见仁，智者见智。

忍无可忍

日新月异

如饥似渴

乳臭未干

若无其事

S

三百六十行，行行出状元。
三十六计，走为上策。
三思而行
三天打鱼，两天晒网。
三下五除二
山不转水转
煽风点火
潸然泪下
伤天害理
舍己为人
十年树木，百年树人。
守望相助
守株待兔
熟能生巧
水落石出
水至清则无鱼，人至察则无徒。
司空见惯
四海为家
四面八方
四面楚歌
随机应变

T

台上三分钟，台下十年功。
谈天说地
谈笑风生
忐忑不安
螳螂捕蝉，黄雀在后。
提心吊胆
天罗地网
铁面无私
听风就是雨
同甘共苦
同流合污
童言无忌
捅马蜂窝
痛改前非
头痛医头，脚痛医脚。
突如其来
徒劳无益
推己及人

W

万变不离其宗

万事大吉

万事俱备，只欠东风。

万象更新

万丈高楼平地起

为非作歹

惟妙惟肖

温故知新

问心无愧

无地自容

无风不起浪

无能为力

无事不登三宝殿

无所不在

无微不至

无以为报

无与伦比

无足轻重

五光十色

五湖四海

五花八门

五十步笑百步

五颜六色

误人子弟

误入歧途

X

息息相关

洗心革面

显而易见

相依为命

小菜一碟

小巫见大巫

小心翼翼

星罗棋布

形形色色

形影不离

兴高采烈

兴致勃勃

幸灾乐祸

胸有成竹

心惊肉跳

心灵手巧

心乱如麻

雄心壮志

袖手旁观

学海无涯苦作舟

Y

扬眉吐气

一败涂地

一板一眼

一臂之力

一波未平，一波又起。

一朝被蛇咬，十年怕井绳。

一寸光阴一寸金，寸金难买寸光阴。

一而再，再而三。

一方水土养一方人

一分耕耘，一分收获。

一概而论

一竿子打翻一船人

一举两得

一鸣惊人

一目了然

一年之计在于春

一清二楚

一视同仁

一丝不苟

一碗水端平

一言以蔽之

以礼相待

以身作则

义无反顾

异曲同工

饮水思源

忧心忡忡

游山玩水

有模有样

有目共睹

与日俱增

与众不同

欲速则不达

Z

宰相肚里好撑船

再接再厉

赞叹不已

站着说话不腰疼

长他人志气，灭自己威风。

真人不露相

争先恐后

正大光明

志同道合

种瓜得瓜，种豆得豆。

众人拾柴火焰高

装聋作哑

追悔莫及

自然而然

自相矛盾

自言自语

自作自受

总而言之

4.5 常用近义词

至 / 到
观 / 看
强调 / 坚持
熟悉 / 了解
下降 / 减少
训练 / 练习
打搅 / 打扰
哀求 / 请求
允许 / 答应
恐惧 / 害怕
服从 / 听从
往返 / 来回
离开 / 扬长而去
缺陷 / 缺点
优势 / 优点
正面 / 积极
负面 / 消极
胜败 / 胜负
教师 / 老师

挚友 / 好友
兴趣 / 爱好
笑容 / 笑脸
形状 / 外形
附近 / 四周
关键 / 要害
特殊 / 特别
准确 / 正确
详细 / 具体
强盛 / 强大
藏 / 躲
认为 / 觉得
著名 / 有名
贵重 / 珍贵
精彩 / 出色
漂亮 / 美丽
富裕 / 有钱
简朴 / 简单
诚实 / 老实

兴奋 / 激动
开心 / 快乐
淘气 / 调皮
气愤 / 生气
惊讶 / 惊奇
疲惫 / 疲劳
暖和 / 温暖
宽阔 / 宽广
非常 / 十分
突然 / 忽然
立刻 / 马上
急剧 / 快速
赶紧 / 赶快
经常 / 常常
每天 / 天天
大概 / 大约
仍然 / 仍旧
无端 / 无故
假如 / 如果

4.6 易错形近字

博　薄
戴　载
开　升
去　击
扰　优
汤　场
坐　座
爱　缓　暖
遍　篇　骗
才　材　财
采　彩　菜
曾　增　赠
厂　广　扩
底　低　纸
发　泼　废
付　附　符
高　搞　敲
果　课　棵
慌　谎　流

建　键　健
焦　蕉　瞧
经　轻　劲
巨　拒　距
卷　倦　圈
辣　辩　辨
录　绿　碌
鸟　鸡　鸭
旁　傍　榜
欠　次　饮
是　提　题
瘦　嫂　搜
吐　肚　社
余　除　途
暂　渐　惭
主　往　住
专　传　转
子　孙　孩
半　拌　伴　胖

包 抱 跑 饱
部 陪 培 倍
各 落 路 络
瓜 爬 抓 孤
孩 咳 该 刻
交 校 较 郊
介 阶 价 界
母 每 海 悔
朋 胸 胆 脏
铺 辅 缚 傅
钱 浅 线 残
少 抄 吵 炒
生 姓 胜 性
特 待 持 诗
王 狂 逛 旺
惜 错 措 借
休 体 什 代
尤 忧 扰 优
由 油 抽 邮
占 战 站 帖
中 种 衷 忠
状 妆 壮 装
作 昨 炸 窄
被 补 裙 裤 衫
不 还 杯 坏 怀

车 连 练 炼 链
分 氛 份 粉 扮
很 跟 根 退 眼
话 活 适 乱 甜
及 极 吸 奶 仍
己 已 亿 艺 忆
决 缺 块 快 筷
空 穿 突 穷 究
类 迷 糖 粗 精
脸 检 捡 险 验
良 粮 娘 很 恨
令 冷 零 领 龄
末 未 袜 妹 味
皮 破 被 疲 披
且 组 姐 粗 阻
青 请 清 情 晴
日 白 自 早 旧
谁 准 难 雅 推
问 间 闯 闭 闻
羊 样 洋 祥 详
勇 通 痛 踊 拥
又 叹 仅 权 汉
张 弱 粥 强 弹
掌 堂 赏 常 尝
只 识 织 积 职